Der Autor

Hans-Walter Wulf wurde am 2. April 1935 in Flensburg geboren und machte dort am Alten Gymnasium 1955 Abitur. Anschließend studierte er in Tübingen, Heidelberg und Kiel Theologie.
Seine erste Pfarrstelle trat er 1961 in Witzwort-Uelvesbüll an. Von 1975–1999 war er Propst des Kirchenkreises Eiderstedt und Pastor in Garding.

Hans-Walter Wulf

Kirchenlandschaft Eiderstedt

Verlag H. Lühr & Dircks

ISBN 978-3-921416-84-6
(Verlag H. Lühr & Dircks)

Layout: Günter Pump, Nordhastedt
Umschlaggestaltung: Kurt Riggert
Gesamtherstellung: CPI – Clausen & Bosse GmbH, Leck
Der Umwelt zuliebe auf chlorfrei gebleichtem Papier gedruckt
Printed in Germany

Inhalt

Vorwort 7
Grußwort ....
Die Anfänge der Kirche in Eiderstedt 9
Von Kirchenbau-, Kirchen- und Landschaftsgeschichte 14
Die Sprache der Kirchen 22
Die Orgelkultur der Marschen 32

Garding 34
Katharinenheerd 50
Kating 56
Koldenbüttel 62
Kotzenbüll 68
Oldenswort 76
St. Peter-Ording 86
Osterhever 91
Poppenbüll 95
St. Peter-Ording (Dorf) 100
Tating 106
Tetenbüll 115
Tönning 123
Uelvesbüll 133
Vollerwiek 139
Welt 144
Westerhever 148
Witzwort 152

Die katholischen Kirchen in Eiderstedt
St. Peter-Ording 160
Tönning 162

Anhang

Die Namen der Heiligen 164
Die Zwölf Apostel und ihre Attribute 168
Orgeln, historische Prospekte, Dispositionen 168
Worterklärungen 178
Literaturverzeichnis 180
Spenden für die Eiderstedter Kirchen 183
App Nordkirche.. 184

Vorwort

Auf Entdeckungstour durch die Eiderstedter Kirchen! Immer wieder reizt es mich, den großen Schatz der 18 historischen Kirchen zu präsentieren, dafür Lust und Liebe zu wecken. So entstanden in 40 Jahren verschiedene Ausgaben des Kirchenführers, jeweils aktualisiert bzw. korrigiert.

In den letzten Jahren hat sich besonders viel verändert. Die Kirchenlandschaft ist Teil des Kirchenkreises Nordfriesland geworden und gehört seit 2009 zur Nordkirche. Gegenwärtig sorgt ein umfangreiches Sanierungsprojekt der Kirchen, finanziert von Bund und Kirchenkreis Nordfriesland für die Instandhaltung des Kirchenschatzes.

Auch das Innere der Kirchen veränderte sich teilweise durch Restaurierungen und die Rückgabe historischer Ausstattungstücke. Nicht zuletzt führten verbesserte historische Kenntnisse zu Korrekturen. Dieses ermutigte nun zu einer durchgreifenden Revision des Manuskriptes und zur Neuausgabe des Kirchenführers.

Mein Dank für diese Möglichkeit gilt zunächst Inke Thomsen-Krüger, Pastorin in Oldenswort. Als Initiatorin und Lektorin der Neuausgabe hat sie sich mit akribischer und anregender Sorgfalt der Überarbeitung des Manuskriptes gewidmet. Wichtig wurde für uns die Neugestaltung des Bildprogramms. Besonderer Dank gilt den Fotografen. Vorrangig lieferte Johannes Krüger das Bildmaterial. Ergänzend stellten Michael Goltz und Kurt Riggert Fotos zur Verfügung, letzterer gestaltete zudem den Umschlag. Berücksichtigt wurden außerdem Aufnahmen von Wolfgang Oppermann, dem einstigen jahrelangen Kirchenfotografen. Propst Jessen-Thiesen gilt mein Dank für die geistliche Einstimmung in den Kirchenführer.

18 historische evangelische und eine katholische Kirche der Neuzeit bleiben beredte Zeugen des christlichen Glaubens und ein besonderer Kulturschatz. Möchten sich viele Menschen von nah und fern ansprechen und anregen lassen vom Reichtum des Kirchenschatzes. Möglicherweise finden sie bei der Entdeckungstour Wegweisung und Orientierung für ihr Leben.

Herzliche Einladung!

Hans-Walter Wulf

Grußwort

Unsere Eiderstedter Kirchen sind Schätze! Seit Jahrhunderten wird in ihnen gebetet, gesungen, gelacht, geweint, geredet und geschwiegen. Hier geht es um das Menschliche und um das Göttliche, um die Hoffnung und das Vertrauen, um Trauer und Glück, um Gedanken und Gefühle. Sie sind Zeugen der Geschichte und erzählen Geschichten.

Wenn die Kirchenmauern sprechen könnten, wüssten sie von vielen Schicksalen zu berichten. Sie würden erzählen von Menschen vieler Generationen, die hier getauft, konfirmiert, getraut und beerdigt wurden. Sie würden von vollen und leeren Kirchenbänken sprechen. Sie wüssten zu berichten von Menschen, die in ihrer großen Not Gott um Hilfe gebeten haben. Und von vielen fröhlichen Gottesdiensten und Festen zu Ostern, Erntedank und Weihnachten, in denen Christen den Lauf des Jahres und den Rhythmus des Lebens gefeiert haben.

Die Kirchen in Eiderstedt sind Orte, wo Einheimische und Feriengäste feiern, trauern und träumen dürfen. Und zwar gemeinsam! Was wäre, wenn es solche Gemeinschafts-Orte nicht mehr gäbe für unsere Gottesdienste und Feste, für Trost und Hoffnung, für das Menschliche und Göttliche? Unser Leben würde die Mitte verlieren. Die Dörfer ihr Zentrum, ihren Zusammenhalt.

Wenn Sie sich mit diesem Kirchenführer auf den Weg machen, die Schätze der Baukunst und des reichen Inventars der Kirchen auf Eiderstedt zu entdecken, werden Sie merken: Wir sind Teil einer langen Geschichte. In allen Jahrhunderten haben Menschen zur Ausstattung der Kirchen beigetragen, um ihrem Glauben Ausdruck zu verleihen. Wir leben aus dem Glauben der Menschen vor uns und in der Verantwortung für die Menschen nach uns. Es ist gut zu wissen, woher wir kommen und wohin wir gehen.

Dafür brauchen wir unsere Kirchen. Gut, dass es diese Orte mitten in unseren Dörfern gibt. Gut, dass sich Menschen einsetzen für den Erhalt ihrer Kirchen, damit auch zukünftig Menschen ihre Mitte nicht verlieren.

Ich wünsche Ihnen viel Freude auf Ihrer Entdeckungsreise durch die Kirchen und ein sicheres Gespür für den Segen, der in ihnen liegt und der höher ist als alles, was wir fassen können!

Jürgen Jessen-Thiesen
Propst im Kirchenkreis Nordfriesland

Die Anfänge der Kirche in Eiderstedt

Wer nach Eiderstedt kommt, gelangt in das Land der Kirchen. Für die protestantischen Einwohner*innen und für zahlreiche Gäste stehen 18 Gotteshäuser zur Verfügung. Hinzu kommen für die katholischen Christ*innen zwei weitere aus jüngster Zeit. Der Bau von 18 Kirchen in einem Land, in dem es keinen einzigen Stein gibt, ist eine Kulturleistung unerhörten Ranges, vor der man noch heute respektvoll den Hut ziehen muss.

Wie erklärt sich die Vielzahl der Kirchen, deren Gründung bis ins 12. Jahrhundert zurückgeht? Einer der wesentlichen Gründe dürfte die ursprüngliche Zerrissenheit der Halbinsel Eiderstedt gewesen sein, dieses seltsamen Gebildes aus Strandwällen, Marschflächen und Nehrungsstreifen. Ursprünglich war es in viele halligähnliche Inseln zerteilt, die durch Nordereider, Süderhever, Meerespriele und flussähnliche Stromläufe voneinander getrennt waren. Die Wegeverhältnisse waren dementsprechend schlecht. Im Winter war es unmöglich, die Wege zu benutzen oder gar zur Taufe oder zur Beerdigung kilometerweit zur nächsten Hauptkirche zu fahren. Die Toten wollte man aber in geweihter Erde bestatten, in der Nähe der Kirche. So war man bemüht, sich seine Kirche näher zu holen. Außerdem sind zu weite Wege dem Kirchgang noch nie förderlich gewesen.

Als die ersten Kirchen gebaut wurden, war Eiderstedt allerdings schon ein wenig mehr zusammengewachsen. Die kleineren Inseln gingen mehr und mehr in drei größeren auf. Die der Nordsee zugewandte Insel hieß Utholm, die südliche Insel in der Eider Eiderstedt und die nördliche, an der Hever gelegene Insel Everschop.

Noch heute sind dem Eiderstedter diese Landschaftsbezeichnungen geläufig. Erst als 1613 der Dreilandenkoog entstand, fügten sich die drei Landschaften zu einer einheitlichen Halbinsel zusammen, für die sich später der Name Eiderstedt durchsetzte (18. Jahrhundert).

Den Anfang des Kirchenbaus machten drei Hauptkirchen, für jede Landschaft eine: für Utholm Tating (1103), für Everschop Garding (1109), für Eiderstedt Tönning (kein Baujahr überliefert; etwa um 1120). Es folgte in wenigen Jahrzehnten die Errichtung fast aller übrigen 15 Kirchen, teils von Anfang an als selbstständige Pfarrkirchen, teils zunächst als Filialkirchen. Einige von ihnen wurden später durch Neubauten ersetzt, wie etwa Kotzenbüll, Ording, Uelvesbüll und Westerhever. Ihre Vorgänger sind entweder durch Sturmfluten und Sandwanderungen (Ording) zerstört worden oder mussten aus Gründen der Baufälligkeit oder des Platzmangels abgerissen werden. Außer den 18 Kirchen soll es vor der Sturmflut am 16. Januar 1362 noch weitere Parochien gegeben haben. Wie viele insgesamt untergegangen sind und wo sie gelegen haben, ist unbekannt.

18 Kirchen erklären sich aber nicht nur aus den schwierigen Wegeverhältnissen; sie sind zudem ein Zeichen für die große Freiheit, die der Eiderstedter Bauernstand hatte, und für seinen ungeheuren Wohlstand. Dieser ist vor allem in der Ausstattung der Kirchen abzulesen, wobei man sich vergegenwärtigen sollte, dass viele Schätze in den vergangenen Jahrhunderten, vor allem während der Zeit der Reformation, des Dreißigjährigen (1618–1648) und des Großen Nordischen Krieges (1700–1721) verlorengingen. Dass in dem Bau der 18 Eiderstedter Kirchen letztlich vor allem der Glaube wirksam wurde, sei nicht nur am Rande vermerkt.

Deutlich ablesbar sind an den Kirchen auch die kulturellen und wirtschaftlichen Verbindungen nach außen. Die Eider war von altersher ein viel befahrener Verkehrsweg von europäischer Bedeutung. Er verband Nord- und Osteuropa mit dem Westen. Die Wege führten durch die Eider und den Eiderkanal nach Nordfrankreich, Westfriesland, in die Niederlande, nach Flandern, zum Rheindelta und nach England. An den Kirchen von Oldenswort, Tönning und Koldenbüttel ist z.B. in romanischer Zeit eingeführter rheinischer

Tuff verwendet worden, vor allem an Zierfriesen, Blenden und Fenstergewänden. Die Kirchen von Garding und Koldenbüttel tragen die Namen flandrischer Heiliger. Der Großteil der Taufsteine ist aus Namurer Kalkstein (sog. Blaustein) gefertigt: in Katharinenheerd, Kotzenbüll, Tating, Uelvesbüll, Vollerwiek und Witzwort. Die Christianisierung Eiderstedts ist wesentlichen Anstößen aus dem westfriesischen Raum und Flandern zuzuschreiben, Gebieten, in denen das Christentum schon lange heimisch war und rege blühte. Man mag die Phantasie spielen lassen, um sich die engen Verbindungen zwischen Rhein- und Eiderdelta zu Beginn des 13. Jahrhunderts vorzustellen.

Wer wohnte im Lande zu Beginn der Christianisierung und Kirchwerdung in Eiderstedt? Wir wissen, dass zur Zeit Karls des Großen Friesen nach Eiderstedt eingewandert waren. Für Jahrhunderte erhielt sich deren Sprache, bevor sie zunächst durch die plattdeutsche, später durch die hochdeutsche Sprache verdrängt wurde. Auf die friesische Besiedlungszeit weisen die Ortsnamen mit der Endung „um“ – Brösum, Olversum – sowie Personennamen meist biblischer Herkunft wie Petersen und Hansen hin. Ferner deuten auf diese Zeit hin die Ortsnamen auf ‚büll‘ – Tetenbüll, Poppenbüll, Uelvesbüll.

In der Zeit nach der ersten Bedeichung kamen Dithmarscher hinzu, etwa zwischen 1000 und 1100 n. Chr., um das nunmehr bewohnbare Land mit zu besiedeln. Namen wie Diekhusen, Stufhusen, Borsthusen, aber auch Namen wie Oldenswort, Witzwort, Ellworth weisen auf dithmarscher Herkunft.

Endlich sind es Niederländer, die um 1100 nach Eiderstedt einwandern. Namen wie Medehop, Helmfleth und Sieversfleth sprechen davon.

Der entscheidende Anstoß, der zur festen Begründung des Kirchenwesens geführt hat, verbindet sich mit dem Namen von König Knud dem Großen (1014–1035). England, Dänemark, Skandinavien und Schleswig gehörten zu seinem Großreich. In England mit der Organisation des Kirchenwesens vertraut geworden, übertrug er Organisationsformen und -gesetze auf das Festland. Von ihm soll der Anstoß ausgegangen sein, englische Baumeister nach Deutschland zu schicken, die neben den Kirchen in Keitum, auf

Föhr und Pellworm auch eine Kirche in Eiderstedt (Tating?) gebaut haben sollen. König Knud hat auch die Existenz der Geistlichen und Kirchen sichergestellt (Ausstattung mit Land und Steuerabgaben).
Die ersten Kirchenbauten in Eiderstedt verbinden sich mit einem für die gesamte Kirchengeschichte des Nordens bedeutsamen Ereignis. Im Jahre 1103 erfolgte nämlich mit der Errichtung des Erzbistums Lund (Schweden) eine völlige Neuordnung der kirchlichen Organisation im Norden. Der Bischof von Schleswig wurde diesem Erzbistum unterstellt. Damit endete die Abhängigkeit vom Erzbistum Hamburg-Bremen. Der Traum, das Erzbistum Hamburg-Bremen zu einem nordischen Patriarchat zu erheben, wie Erzbischof Adalbert (1043–1072) von Hamburg-Bremen ihn als nordischer Kirchenfürst gehabt hatte, zerplatzte. Die Vormachtstellung Hamburgs in der skandinavischen Welt war für immer vernichtet. Das Erzbistum Lund wurde dem Papst direkt unterstellt. Die Verbindungen zum Reich wurden schwächer, die Einflüsse des westeuropäischen Raumes (England) nahmen zu. Die Errichtung des Erzbistums Lund war also eines der zentralen Ereignisse der nordischen Kirchengeschichte. Zugleich neigte sich die Epoche der Mission und Kirchengründung ihrem Ende entgegen. Äußerlich waren die Völker christianisiert. Von einer durchgreifenden Verchristlichung des Lebens war damals allerdings noch wenig zu spüren. Festzuhalten bleibt: Die Halbinsel Eiderstedt bildete bereits im Mittelalter innerhalb des Bistums Schleswig eine eigene Propstei.
18 Kirchen in einem Land, dessen Geschichte von der Nordsee wesentlich mitbestimmt wurde. Am 16. Januar 1362 wurde die Westküste Nordfrieslands durch die schwerste Sturmflutkatastrophe aller Zeiten betroffen (Marcellusflut). Riesige Landesteile gingen unter. Unter anderem entstand die Tümlauer Bucht und der Heverstrom wurde zum breiten Meeresarm. Von diesem Zeitpunkt an war Eiderstedt von drei Seiten dem Einfluss der Nordsee und damit den Sturmfluten in weitaus stärkerem Maße ausgesetzt als vorher. Fortan war man zu erheblich größeren Deichbaumaßnahmen gezwungen. Etwa 150 schwere Sturmfluten haben übrigens seitdem das Land bedroht und z.T. furchtbare Verluste gefordert.

Dabei ist die Sturmflut vom 11. Oktober 1634, die große *Mandränke*, von besonderer Tragweite gewesen.
In dem harten Kampf um das Leben blieben die Kirchen auf ihren hohen Warften Stätten der Zuflucht, Zeichen und Wegweiser in guter und schwerer Zeit. Mögen sie es auch in Zukunft sein.

Von Kirchenbau-, Kirchen- und Landschaftsgeschichte

Wer Eiderstedts Kirchen besucht, findet deutliche Spuren ihrer fast tausendjährigen Geschichte.

Romanische Spuren sind noch sichtbar am Mauerwerk der Kirchen von Garding, Katharinenheerd, Oldenswort, Osterhever, St. Peter, Tating, Tönning und Vollerwiek. Im Wesentlichen handelt es sich bei den Mauerresten jeweils um Teile der nördlichen Kirchenschiffswand (s. vermauerte Rundbogenfenster), mit Sicherheit gehen die kreuzförmige Anlage der Kirchen von Oldenswort und Garding auch auf die romanische Zeit zurück. Bemerkenswert ist, dass es sich fast ausschließlich um Ziegelbauten handelt. Das Material wurde vor Ort gebrannt. Aus der Frühzeit des Kirchenbaus stammen auch die rechteckig vom Schiff abgesetzten romanischen Choranbauten (z.B. St. Peter, Tating), die als jeweils älteste Teile der Kirchen gelten können. Romanische Portale, z.T. vermauert, sind gut erkennbar in Oldenswort, Osterhever und Tönning. Leider sind aus romanischer Zeit nur wenige Inventarien erhalten: die Taufsteine in Koldenbüttel und Westerhever sowie der spätromanische Abendmahlskelch in Kating.

Sehr viel deutlicher gibt sich die Gotik zu erkennen. In dieser Zeit erhalten Eiderstedts Kirchen im Wesentlichen ihr heutiges Gesicht, sieht man von z.T. stilistisch schwerwiegenden Überformungen des letzten Jahrhunderts ab. Die spitzbogigen Fenster lösen die romanischen Rundbogenfenster ab, der flach gedeckte Kirchenraum wird teilweise überwölbt. Die Gewölbe der Kirchen von Kotzenbüll und Tetenbüll haben die Zeiten nicht überdauert, allein die Gardinger Kirche präsentiert sich heute als einheitlich

überwölbter Raum. Dagegen sind Spuren gotischer Turmbauten vorhanden, am deutlichsten in Westerhever, darüber hinaus in Garding, Kating, Oldenswort, Tetenbüll und Tönning, deren Türme allerdings sämtlich stark verändert wurden.
Eindrücklicher aber als das äußere Erscheinungsbild der gotischen Epoche ist die Ausstattung aus dieser Zeit. Zwar haben sich aus frühgotischer Zeit, außer in der Katinger Kirche, fast keine Stücke der Ausstattung erhalten, dafür aber umso mehr Inventarien aus spätgotischer Zeit (Ende des 15. Jahrhunderts): Schnitzaltäre, Tafelmalerei (Tating), Triumphkreuze, Chorgestühle, Taufen sowie der Hauptwerksprospekt der Gardinger Orgel von 1512. Ferner entstammen dieser Zeit noch die Plastik des *St. Jürgen zu Pferd* in Katharinenheerd und die Figur des *Christus im Elend* (Tating), die Kunde geben von den vielfältigen künstlerischen Arbeiten, die die gotische Frömmigkeit entstehen ließ. Neben einigen wertvollen Messkelchen und Leuchtern ist der bemerkenswerteste Überrest mittelalterlichen Kultgerätes ein bronzenes Weihrauchfass aus dem 14. Jahrhundert in der Tatinger Kirche.
Die Zeit der Reformation brachte auch in Eiderstedt die große Umwälzung der Verhältnisse. Es brach eine neue Zeit an. Sie ging nicht ohne Erschütterungen ab. Genaue schriftliche Aufzeichnungen fehlen zwar aus den einzelnen Gemeinden, dennoch darf man davon ausgehen, dass dabei unersetzliche Werte verlorengingen, wie schon zuvor in zahlreichen Fehden zwischen Dithmarschern und Eiderstedtern im 15. Jahrhundert und der Eiderstedter untereinander. Unter denen, die sich an Eiderstedts Heiligtümern bereicherten, war auch König Friedrich I. (1523–1533), der sich, in ständiger Geldnot, sämtliches Gold und Silber und sonstige Wertgegenstände der Kirche ausliefern ließ. U.a. wurde in Garding vermutlich nicht nur das Gold der Statue des Heiligen Christian entfernt, sondern diese selbst. Glücklicherweise kam man dem Gebot des Königs nicht in vollem Maße nach. So blieben einige vorreformatorische Kultgeräte erhalten. Im Jahre 1532 mussten aber fast alle Glocken abgegeben werden; daher sind nur wenige mittelalterliche Glocken in Eiderstedt vorhanden. Die meisten Glocken wurden erst wieder im 17. Jahrhundert gegossen. Im Zuge der Reformation wurden auch die Nebenaltäre beseitigt,

viele Altäre zerschlagen (s. die aus Bruchstücken wieder zusammengesetzte Altarplatte in Garding) und etliche geschnitzte und gemalte Altarbilder vernichtet. Einige Wertgegenstände sicherte man wahrscheinlich durch Vergraben, so in Katharinenheerd die St.-Jürgen-Statue, in Westerhever den Taufstein. Sie sind beide erhalten geblieben.

Übrigens hat Martin Luther von den Taten des dänischen Königs Kenntnis bekommen. Im Dezember 1536 schrieb er bezüglich des Umgangs mit den Kirchengütern einen Brief an den Sohn Friedrich I., der zwischenzeitlich als Christian III. den Thron bestiegen hatte. Dieser war Martin Luther persönlich bekannt. Er hatte 1521 am Reichstag zu Worms teilgenommen und war dort von der Persönlichkeit Martin Luthers außerordentlich beeindruckt worden. Christian III. war es, der sich, vom Vater beauftragt, 1526/1527 um die Belange der Durchführung der Reformation zu kümmern hatte. Er setzte lutherische Prediger ein, an erster Stelle Hermann Tast aus Husum, der 1524 auf dem Marktplatz in Garding die erste evangelische Predigt in Eiderstedt hielt. Christian III. ließ 1537 für sein Land eine neue Kirchenordnung entwerfen, die Ordinatio Ecclesiastica. Sie wurde die Grundlage für die Schleswig-Holsteinische Kirchenordnung von 1542, die wiederum das wichtigste Grunddokument der späteren Schleswig-Holsteinischen Landeskirche darstellt.

Zu den Wandlungen der Reformationszeit in Eiderstedt gehörte, dass sich anstelle der friesischen Heimatsprache das zur Handels- und Verkehrssprache erhobene Plattdeutsche einbürgerte. Auch die Gottesdienste wurden fortan nicht mehr in lateinischer Sprache gehalten. Die plattdeutsche Kirchenordnung von 1542 führte den *düdeschen Goddesdeenst* ein. Das Plattdeutsche blieb Kirchen- und Behördensprache, bis sich kurz vor dem Dreißigjährigen Krieg das Hochdeutsche durchzusetzen begann. Als besonderer Förderer des Hochdeutschen ist in Eiderstedt der Staller Caspar Hoyer zu nennen. Nach dem Dreißigjährigen Krieg hielt man in Schleswig-Holstein verstärkt Ausschau nach Pastoren aus Mitteldeutschland, vor allem aus dem Stammland der Reformation. Die von dort geholten Theologen konnten kein Plattdeutsch. Aus diesem Grunde hat der Gottorfer Hofgelehrte Adam Olearius das im

Gebrauch befindliche niederdeutsche Gottesdienstbuch ins Hochdeutsche übertragen unter dem Titel *Daß Schleswigsche und Holsteinische Kirchenbuch*. Es blieb bis 1796 in Gebrauch.
Ein Meilenstein in der eigenständigen Entwicklung der Halbinsel mit erheblicher Außenwirkung auf die Rechtsentwicklung im deutschsprachigen Raum ist die Einführung des Eiderstedter Landrechts von 1426 *(Die Krone der rechten Wahrheit)*. Es erschien im Jahre 1572 in plattdeutscher, 1591 in hochdeutscher Sprache und enthält alles, was geboten und verboten war. Von besonderer Wichtigkeit für Eiderstedt war das darin ausgesprochene Ordinationsrecht des Propstes sowie das ihn betreffende Wahlrecht. Die Geistlichen der Dreilande durften als einzige den Propsten aus ihrer Mitte wählen; alle übrigen Pröpste wurden vom dänischen König ernannt. Das macht die Stellung deutlich, die Eiderstedt zu dieser Zeit besaß. 1584 wurde die Landschaft Eiderstedt selbstständige evangelische Propstei. Das Eiderstedter Landrecht blieb übrigens bis 1864 in Kraft.
Im Jahre 1590 erhielt Eiderstedt zudem das Stallerprivileg, in dem zugesichert wurde, dass nur begüterten angestammten Eiderstedtern das höchste landesherrliche Amt übertragen werden durfte. Viele Jahre galt dieses Privileg als Symbol für die Freiheit des Landes und förderte ein ganz neues Selbstbewusstsein der Bevölkerung. In gleicher Zeit erhalten Garding und Tönning ihre Stadtrechte (1590).
Infolge der Schreckensherrschaft der Spanier in den Niederlanden sowie aus wirtschaftlichen Gründen verließen von 1549 an zahlreiche Niederländer ihre Heimat und wanderten u. a. aus nach Eiderstedt. Sie trugen dazu bei, dass die Halbinsel eine Zeit der wirtschaftlichen und kulturellen Blüte erlebte. Denn es waren teilweise reiche Leute, die ihr Vermögen mitnehmen durften und erfahren waren im Deichbau sowie in der Wasser- und Landwirtschaft. Sie trugen zur Modernisierung des Deich- und Ackerbaus wesentlich bei. Eiderstedt erlebte mit den Einwanderern, ihren innovativen Ideen im Sozial-, Wirtschafts- und Finanzwesen und ihrem Kapital einen enormen wirtschaftlichen Aufschwung. Sie bauten Häfen und Kanäle, die im Winter Hauptverkehrswege waren. Damit konnten Käse, Korn und andere land-

wirtschaftliche Produkte in die großen Nordseehäfen, z.B. nach Hamburg und Amsterdam, transportiert werden. Andere Erzeugnisse, die hier nicht erhältlich waren, wurden mitgebracht.
Verbunden mit dem wirtschaftlichen Aufschwung dieser Zeit ist der große kulturelle Einfluss. Bedeutende Künstlernamen wie Marten van Achten, Johann van Enum und Jürgen Ovens sind bis heute unvergessen (s. u.a. Garding und Tönning). Nie wieder hat Eiderstedt eine derartige kulturelle Blüte erlebt. Die Wohlhabenheit war sprichwörtlich. Die Haubarge mit ihrer stattlichen Wohnkultur, den herrlichen Kachelwänden, den reich geschnitzten Möbeln mit gediegenen Intarsienarbeiten zeugen in Spuren noch heute davon. Vor allem aber ist die prachtvolle Ausstattung der Eiderstedter Kirchen aus dieser Zeit Beweis des damaligen Reichtums.
An erster Stelle zu nennen ist die Kanzel. Sie erhielt durch die Reformation eine spezifische Aufwertung. Denn erst mit der Reformation nimmt die Verkündigung des Evangeliums, die Predigt, einen solch gewichtigen Platz ein, dass vermehrt Kanzeln installiert wurden.
Zehn Kanzeln in Eiderstedt zeigen auffällige Ähnlichkeiten im Aufbau und unterscheiden sich damit von den Kanzeln außerhalb Eiderstedts. Die Kunsthistoriker sprechen daher vom *Eiderstedter Typ*. Die Eiderstedter Kanzel hat einen sechseckigen Grundriss, vier Seiten stehen für die künstlerische Gestaltung zur Verfügung, eine Seite ist an die Wand gelehnt, durch eine erfolgt der Zugang. Vor jeder Ecke stehen paarweise jeweils zwei schlanke Säulen nebeneinander. Die untere Trommel ist sorgfältig beschnitzt, der Schaft durch senkrechte Kehlen gegliedert. Den oberen Abschluss bildet ein Kapitell, ein kompliziertes Schnitzwerk aus pflanzlichen und ornamentalen Formen. Unter und über den Säulen verläuft jeweils ein waagerechter Streifen, der in seiner Unterteilung den Säulenverlauf wieder aufnimmt und in seinen Mittelfeldern Raum für Schmuckformen und Schriftfelder bietet. Zwischen je zwei Säulen befinden sich zwei übereinanderliegende Felder, von denen das obere meist ein Wappen zeigt als Hinweis auf die Stifter, während das untere Feld ein geschnitztes Relief mit der Darstellung eines biblischen Berichts enthält. Bei der Betrachtung der Kanzeln stoßen wir immer wieder auf eine Pflanzenform. Es handelt sich

dabei um die stilisierten Blätter des Akanthus oder Bärenklau, einer distelähnlichen Pflanze aus dem Mittelmeerraum. Dort hatten die alten Griechen an den hübsch gezahnten und geschwungenen Blättern Gefallen gefunden und sie als Zierform verwendet. Über die in der Renaissance erwachte Begeisterung für die antike Kunst kam diese Schmuckform auch auf unsere Kanzeln. In der christlichen Ikonographie ist der Akanthus allerdings mehr als eine Schmuckform. Es heißt, dass die Dornen einer Pflanze darauf hindeuten, dass mit Christus alle Schwierigkeiten gelöst werden können.

Zeitlich entstehen die Kanzeln des Eiderstedter Typus in sehr kurzem Abstand zueinander:

Garding 1563	Kating 1580
Tetenbüll 1575	Witzwort 1583
Welt 1578	Koldenbüttel 1583
St. Peter 1578	Vollerwiek 1587
Poppenbüll 1579	Kotzenbüll, Ende des 16. Jh.

Eine weitere Eigentümlichkeit der Neugestaltung der Innenräume in dieser Zeit bilden die Abendmahlsbänke, die seitlich der Altarstufen aufgestellt sind und deren Vorkommen sich fast ausschließlich auf Eiderstedt beschränkt. Das Urbild in der Kirchenlandschaft Eiderstedt dürfte in den Tönninger Bänken (1634) zu sehen sein. Bis weit in die Barockzeit hinein wurden diese Kniebänke gebaut, z.B. 1753 für Osterhever.

Nicht nur Kanzel, Altar und Abendmahlsbänke veränderten das Gesicht des Kirchenraumes, sondern auch der Einbau von Gestühl und Emporen. Diese wurden im Norden der Kirche, gegenüber der meist in der Südostecke aufgestellten Kanzel, errichtet. Dadurch fand eine größere Menge von Predigthörer*innen einen Platz. Das Schmuckbedürfnis der Renaissance fand an den Emporen ein neues, weitreichendes Betätigungsfeld. Großartige Beispiele für wertvolles Schnitzwerk finden wir z.B. in Tetenbüll (1612) und Garding (ca. 1620), während sich die ältesten Emporenmalereien in Tating und Oldenswort (1591), besonders qualitätsvolle in Vollerwiek (1654) befinden.

Zu den kunstgeschichtlichen Höhepunkten der nachreformatorischen Zeit gehören schließlich die Gemälde der Altäre und Epitaphien, die entscheidend vom Stil des Manierismus niederländischer Prägung gekennzeichnet sind. Fest mit ihnen verbunden ist der Name Marten van Achten, u.a. Hofmaler in Gottorf. Marten van Achten und sein Bruder Govert betrieben in Tönning eine umfangreiche Malerwerkstatt. Leider sind deren Werke kaum signiert, sieht man von ihrem wichtigsten Werk, dem Altar in der Gardinger Kirche (1596), ab. Bedeutendste Zeugen dieser manieristischen Malerei sind zu finden in den Kirchen von Garding (Altar 1596), Oldenswort (Altar 1592, Epitaph Poppens 1610, Patriziergemälde von 1595), Koldenbüttel (Epitaph Sievertz 1550, Petersen 1591, Honne Jacobs 1593), Kotzenbüll (Epitaph Folkerts 1588, Moder Hansen 1596) und Witzwort (Epitaph Mummens 1591). Darüber hinaus darf man die Brüstungsmalereien an Kanzeln (Tating 1630 und Garding 1632/1658) sowie die Flügelmalereien der gotischen Schnitzaltäre (Koldenbüttel, Vollerwiek und Witzwort) nicht übersehen.

Aus der Übergangszeit von der Renaissance zum Barock ist ein berühmter Name fest mit Eiderstedt verbunden: Jürgen Ovens. Im Jahre 1623 wurde er in Tönning geboren, gelangte schon in jungen Jahren in den Niederlanden zu erstaunlichem Ansehen, malte ab 1650 für den Gottorfer Hof und wurde von den Gottorfer Herzögen in den Stand eines Hofbeamten versetzt, ohne dass er es wirklich war, nur um ihn im Lande behalten zu können. Das Epitaph der Familie Ovens in Tönning von 1691 ist ein Zeichen seines hohen Könnens.

Innerhalb der Barockzeit wird das Inventar der Eiderstedter Kirchen komplettiert. Prachtstück dieser Zeit bleibt die 1703 errichtete Tönninger Kanzel, zu Ehren des berühmten Tönninger Bürgers Jürgen Ovens gestiftet. Darüber hinaus aber geben Pastorenbilder (z.B. in Witzwort), Abendmahlsbänke (Garding, Tetenbüll, Tönning, Uelvesbüll) und Taufdeckel (Garding, Tating, Tönning) Kunde von dem künstlerischen Schaffen dieser Zeit. Bemerkenswert bleibt die Errichtung von Beichtstühlen in nachreformatorischer Zeit. Sie weisen darauf hin, dass die Beichte wesentlicher Bestandteil des gemeindlichen Lebens war. Der Beichtstuhl war Ort der Vorbereitung auf das Abendmahl, gab Raum für die Seelsorge, diente der Katechese, aber auch der Über-

gabe von Abgaben. Der Beichtstuhl von St. Peter aus dem Jahre 1758 ist dafür ein beredter Zeuge.
Das 19. Jahrhundert hat diesem Erbe nichts Gleichrangiges hinzuzufügen vermocht. Leider wurden viele überkommene Schätze zerstört oder entstellt. Durch Sorglosigkeit und Gleichgültigkeit verschwand jahrhundertealtes Inventar. Sechs alte hölzerne Glockentürme (Glockenstapel) wurden abgerissen – Osterhever, Poppenbüll, St. Peter, Uelvesbüll, Vollerwiek und Welt – und durch Dachreiter oder Türme ersetzt. Der Chorraum in Witzwort aus dem 13. Jahrhundert wurde abgerissen und neugotisch wieder aufgebaut, Emporenmalereien wurden überstrichen, Taufsteine vergraben, das älteste Kruzifix Schleswig-Holsteins (Uelvesbüll) an die katholische Kirche in Friedrichstadt verkauft, Inventarien an Museen abgegeben, Friedhöfe ihrer genealogisch und heraldisch wertvollen Grabsteine beraubt. Alles in allem – eine traurige Bilanz. Der Geist der Zeit kann der Kirche durchaus gefährlich werden! Wo blieb die Liebe zu den ererbten Dingen? Die Aufklärung hinterließ ein gebrochenes Verhältnis zu Kirche und Gottesdienst.

Die Sprache der Kirchen

Kirchen sind Erzählbücher des Glaubens und Lebens. Sie sprechen eine Sprache, die man verstehen muss, um ihre Bedeutung zu erkennen.

Allein die Tatsache, dass die Kirchen zumeist im Zentrum unserer Dörfer und Kleinstädte liegen, weist darauf hin, dass sie von der Mitte des Lebens reden.

Weithin sichtbar sind sie Orientierungszeichen. Wer wüsste nicht, wie schnell ein Verirren im Leben möglich ist? So sind sie Zeichen auf der Suche nach gutem Leben. Ihre Türme weisen nach oben. Himmel und Erde bedingen sich. Nicht umsonst sagt der Volksmund: Alles Gute kommt von oben. An Gottes Segen ist alles gelegen. Die Warften, auf denen unsere Kirchen liegen, erinnern daran, dass die Kirche ein Ort der Zuflucht ist. *Zuflucht ist bei dem alten Gott und unter den ewigen Armen* (5. Mose 33, 27). Das rufen die *Glocken* in Erinnerung und laden zur Einkehr ein.

Kirchen sollten in der Regel geöffnet sein. Mit Kirche verbindet sich für mich das Bild von der offenen Tür. Jeder darf eintreten; alle sind willkommen, der Zugang sucht – Zugang zu Gott, zu seinem Wort, zu seiner Gegenwart, zum Glauben, zu fester Gemeinschaft, zur Besinnung und Entspannung. Kirche – offen für alle, die ihr näherkommen möchten.

Das Gardinger Hauptportal ist als einziges unter den Kirchentüren in Eiderstedt ornamental gestaltet. Ein stilisierter Baum schmückt die Tür, Erinnerung an Paradies und Sündenfall (1. Mose 2–3) und an den Menschen, dessen Lebensbaum in Gott verwurzelt ist. *Wohl dem, der nicht wandelt im Rat der Gottlosen noch tritt auf den Weg der Sünder noch sitzt, wo die Spötter sitzen, sondern Lust*

hat am Gesetz des Herrn und sinnt über seinem Gesetz Tag und Nacht. Der ist wie ein Baum, gepflanzt an den Wasserbächen, der seine Frucht bringt zu seiner Zeit, und seine Blätter verwelken nicht (Psalm 1, 1–3). Mit Gottes Hilfe Zugang finden zu einem fruchtbaren Leben – das ist die Botschaft der Tür.
Nichts ist zufällig, alles ist absichtlich gestaltet. Zunächst einmal muss die Richtung stimmen. Seit alter Zeit sind die Kirchen mit ihrem Altar nach Osten gerichtet. Im Osten geht die Sonne auf. Die Gemeinde lebt dem aufgehenden Licht entgegen. *Morgenglanz der Ewigkeit, Licht vom unerschaffnen Lichte, schick uns diese Morgenzeit deine Strahlen zu Gesichte,* – sagt ein Lied der Kirche. In allem Dunkel dieser Welt erwartet die Gemeinde für jeden Tag Licht von Gott.
Auch der *Grundriss* folgt einem Prinzip, einer bestimmten Sprache. Einige Kirchen sind in Kreuzform angelegt. Deutlicher kann es nicht gesagt werden: Die Kirche fußt auf dem gekreuzigten Jesus. Er ist ihre Grundlage, ihr Fundament. Ohne ihn verliert die Kirche ihr Wesen. Sein Leben »begeht« die Gemeinde, so oft sie sich trifft. Er ist der Grund und die Begründung unseres Lebens. Wer unter seinem persönlichen Kreuz leidet, ist bei ihm gut aufgehoben.

Taufpostament, Garding, um 1480

In allen Kirchen setzt sich der sogenannte *Chor- oder Altarraum* vom Kirchenschiff ab. Er liegt im Osten, die Gemeinde geht von Westen auf ihn zu.
Früher standen die *Taufsteine* im Westen, in unmittelbarer Beziehung zum Haupteingang. Die Taufe ist also der Eingang in die christliche Gemeinde, der allererste Schritt, dem im Glauben die weiteren Schritte folgen, bis es am Ende des Weges zur Vollendung kommt.
Das Wasser der Taufe redet von neuem Leben und von Reinigung. In der Taufliturgie heißt es: *So soll im Wasser der Taufe alles, was uns von Gott trennt, untergehen. Aus dem Wasser soll der neue Mensch auferstehen, der mit Christus lebt.* Martin Luther beschrieb die lebenslange Bedeutung der Taufe so: *..., dass der alte Adam in uns durch tägliche Reue und Buße soll ersäuft werden und sterben mit allen Sünden und bösen Lüsten; und wiederum täglich herauskommen und auferstehen ein neuer Mensch, der in Gerechtigkeit und Reinigkeit vor Gott ewiglich lebe.*
Reinigung und Erneuerung – das braucht unser Leben wie das Reinigen der Kleider und das tägliche Waschen. Unser Leben verbraucht sich; es muss erneuert werden.
Die *Beichtstühle* in etlichen unserer Kirchen erinnern auch daran. Sich aussprechen, Schuld bekennen, Vergebung empfangen; Frieden finden mit Gott, mit sich selbst und seiner Umgebung, neu anfangen können – das sind lebenswichtige Schritte auf dem Weg des Glaubens, auf dem Weg zum Ziel, das im Altar sein irdisches Abbild findet.
Der Weg von Westen nach Osten wird damit zum Gleichnis des Christenlebens. Jeder Schritt bringt uns dem *Altar* näher, dem Tisch des Herrn, um den die Gemeinde sich beim Abendmahl versammelt. Brot und Wein, die gereicht werden, verdeutlichen: Leben kommt aus Gottes Hand. Ich lebe davon, dass mir gereicht wird, was ich brauche; ich schaffe es mir nicht selbst. Brot und Wein vergegenwärtigen aber darüber hinaus die Liebe Gottes, die im Leben und Sterben Jesu wahr geworden ist. Alles, was Gott uns zugedacht hat, liegt in Brot und Wein: Leben und Sterben Jesu für mich. Sich Gott öffnen, seine Liebe empfangen, um sie miteinander zu teilen und weiterzugeben – darum geht es im

Geheimnis des Abendmahls. Gott stiftet feste Gemeinschaft, in der wir geborgen sind und in der einer für den anderen da ist. In der engsten Gemeinschaft mit Christus bekommt die Gemeinde sozusagen einen Vorgeschmack auf die himmlische Welt; sie ist in der Feier des Abendmahls gewissermaßen im Vorzimmer der Ewigkeit.

Zwölfeckkanne, Tönning, 1650

Wertvolle *Geräte* – Kelche, Hostienbehälter, Weinkannen –, jahrhundertealt, versinnbildlichen etwas von der Kostbarkeit des Altarsakramentes, von dem unermesslich teuren Schatz des Glaubens, von der Wertschätzung der göttlichen Gaben. Auch die kostbaren Altarleuchter mit ihren Kerzen erzählen von der Güte Gottes, mit der er seine Schöpfung ins Leben rief, und von der Liebe und Geduld, mit der er sie trägt. *Es werde Licht* ist Gottes erstes Wort nach dem Bericht der Bibel. Licht meint Helligkeit, Wärme, Wachstum, Erkenntnis. Licht erinnert aber zugleich an Jesus selbst, der von sich gesagt hat: *Ich bin das Licht der Welt.* und der von seiner Gemeinde sagt: *Ihr seid das Licht der Welt! Lasst euer Licht leuchten vor den Leuten.* Erleuchtet ist nach Ansicht des Neuen Testaments derjenige, der erkannt hat, dass Gottes Wesen sich in Jesus Christus spiegelt. Und erleuchtend wirken die, die zur Hingabe im Dienst der Liebe bereit sind und dadurch die Erfüllung ihres Lebens erfahren. Wie sich eine Kerze im Brennen verzehrt, so erfüllt das Leben seinen Sinn, wenn es sich Gott hingibt und seine Kräfte ohne Aufhebens im Dienst der göttlichen Liebe verbraucht und damit zugleich auf den Schöpfer aller Dinge, den Vater im Himmel, hinweist.

Die Altäre stehen in vielen Kirchen in einem überwölbten Raum. In Oldenswort repräsentiert das Chorgewölbe mit seinen Malereien deutlich die himmlische Welt: Christus über dem Altar als

Herrscher des Himmels, neben ihm die Kronzeugen des Glaubens, Maria, Johannes der Täufer, Petrus und die vier Evangelisten. Die blumenreiche, blühende Pracht zeigt an, dass Gottes Welt alles andere als eintönig ist, vielmehr voller Farbe, anregend und vielgestaltig.

Das *Gewölbe* redet eine urtümliche Sprache und erinnert an den Anfang der Bibel. Denn die Schöpfung beginnt nach dem Bericht der Bibel damit, dass Gott ein gewaltiges Gewölbe schafft und das Wasser über dem Gewölbe vom Wasser unter dem Gewölbe trennt. Nur so entstand eine bewohnbare Erde. Das Gewölbe aber, das die Erde vor der Wasserflut schützt, ist der Himmel. (1. Mose 1). Gewölbe – das meint also Schutz gegen alles, was uns von außen und innen bedrohlich werden könnte. Schutz sollen wir finden untereinander und füreinander, aber auch voreinander. Behütetes Leben, Raum, in dem Leben gedeihen kann – das brauchen wir. Schutz erfahren und Schutz geben – das Gewölbe erinnert daran. Wir sollen in Frieden leben können.

Auf dem Weg zum Chorraum durchschreiten wir in den meisten unserer Kirchen einen *Bogen*. An der Nahtstelle zwischen Kirchenschiff und Altarraum errichtet bildet er sozusagen das Tor zum Raum der Begegnung mit dem Herrn der Christenheit im Heiligen Abendmahl. Zwei Ursprünge sind in der Baugeschichte erkennbar: zum einen die Erinnerung an den Regenbogen der Noahgeschichte. Nach der Errettung des Noah aus der Sintflut heißt es (1. Mose 9, 12f.): *Und Gott sprach: Das ist das Zeichen des Bundes, den ich geschlossen habe zwischen mir und euch und allem lebendigen Getier bei euch auf ewig: Meinen Bogen habe ich in die Wolken gesetzt, der soll das Zeichen des Bundes sein zwischen mir und der Erde.* Der Regenbogen ist verstanden als Zeichen der Treue und Zuverlässigkeit Gottes. Die Naturgesetze wurden zum Gleichnis für die Berechenbarkeit und Unwandelbarkeit Gottes.

Zum anderen ist der Bogen eine Erinnerung an die Triumphbögen der Römerzeit, ursprünglich zu Ehren der römischen Kaiser für ihren triumphalen Einzug errichtet. Die Christen setzten sich gegen den Kaiserkult ab und bekannten sich zu Christus als dem, dem *alle Macht gegeben ist im Himmel und auf Erden* (Matthäus

28, 18). Als Triumphator, als Sieger über alle bösen und verderblichen Gewalten, zieht Christus im Gottesdienst bei seiner Gemeinde ein mit seinem Wort und Sakrament. Segnend breitet er seine Hände über sie aus.

Triumphkreuzgruppe Tönning, 1500

Seit alter Zeit hängen im Chorbogen die *Triumphkreuzgruppen*: Christus, der Gekreuzigte, mit Maria, seiner Mutter, und Johannes, dem Lieblingsjünger Jesu. Der Gemeinde vor Augen gestellt, erinnern sie: *Lasst uns aufsehen auf Jesus, den Anfänger und Vollender des Glaubens*, auf den, den die vier Evangelisten bezeugen. Ihre Namen und Symbole fassen darum häufig das Kreuz ein: Matthäus – Mensch; Markus – Löwe; Lukas – Stier; Johannes – Adler. So weist schließlich der im Chorbogen hängende Kruzifixus darauf hin, dass der Gekreuzigte das Tor ist, das ins Leben führt.

Die *Kanzel* ist der Ort, von dem aus der auferstandene Gekreuzigte verkündigt wird. Sie ist nicht der Ort, an dem der Prediger seinen eigenen Gedanken nachhängt. Ein altes Gebet, an der Kanzeltür in Garding zu finden, besagt: *Lenke du, Christus, meinen Geist und meine Zunge.* Die Kanzel ist eben nicht deshalb so hoch angebracht, damit der Prediger von oben herab reden kann, sondern um das *Amt, das die Versöhnung predigt* (2. Korinther 5, 10f.), herauszustellen und jedem die Möglichkeit zu geben, ungehindert zu hören. Dabei zeigen die geschnitzten Reliefs an den Kanzeln an, wovon im einzelnen immer wieder zu reden ist – von Gottes Verheißungen.

Ihrer Vielfältigkeit entspricht eine Fülle von *Bildern.* Sie machen unsere Kirchen geradezu zu Bilderbüchern. Altäre, Emporen und Deckengemälde malen biblische Geschichte vor Augen, laden ein zur nachdenklichen Betrachtung. Dabei verbinden sie biblische

Epitaph Ovens, Darstellung der Heiligen Familie, Tönning, 1691

Erzählung häufig mit Lebensschicksalen, mit Geburt, Sterben und Tod. Das Andenken an die Heimgegangenen bewahren die sogenannten *Epitaphien* auf.

Sie erinnern an die eigene Begrenztheit des Lebens, wollen Trost spenden und Zeichen der Zusammengehörigkeit der Lebenden und Toten sein. Der Kirchenvater Hieronymus hat einmal gesagt: *Wer heimkehrt zu Gott, bleibt in der Gottesfamilie.* Sie umfasst Tote und Lebende. Die Gedenktafeln an Verstorbene fordern uns auf, der Wirklichkeit des Lebens nicht auszuweichen. Wer richtig leben will, darf sich den Blick für die Realitäten nicht trüben lassen, darf keiner Fehleinschätzung des Lebens und der Welt erliegen.

Insgesamt erinnern die vielen Bilder auch daran, wie viele Generationen vor uns an den Kirchen bauten und sie ausgestalteten, wie viele vor uns für die Menschen in Stadt und Land tätig waren. Wir sind nicht die ersten, die in diesen Kirchen leben, und werden nicht die letzten sein. Aber dass eine Generation die andere auf den Glauben aufmerksam macht, das bleibt der christliche Dauerauftrag.

Dem Glauben eine Stimme geben – darauf können Christen zu keiner Zeit verzichten. In besonderer Weise erinnert daran die Kirchenmusik. Die z. T. kostbaren *Orgeln* sind klingende Gleichnisse für die Gemeinde: Sie enthalten eine Fülle von Pfeifen – kleine, große, dicke und dünne. Alle haben sie verschiedene Klangfarben. Alle werden sie gebraucht, keine ist überflüssig. Und doch spricht keine an, wenn sie nicht vom Wind, der Luft, bewegt wird. So erstarrt christliche Gemeinde und bleibt ohne Wirkung, wenn sie nicht von dem belebenden Wind Gottes, dem Heiligen Geist, er-

Paschen-Orgel, Tönning

fasst wird. Er sorgt dafür, dass die verschiedenen Gaben zum gemeinsamen Nutzen und zu Gottes Ehre eingesetzt werden.

Die Musik der Kirche weckt neue Kraft, stiftet Gemeinschaft und stimmt hoffnungsfroh. Martin Luther hat gesagt: *Der schönsten und herrlichsten Gaben Gottes eine ist die Musica – der Teufel kann ihr nicht standhalten – sie verjagt den Geist der Traurigkeit.* Das wird von unzähligen Hörern bestätigt.

Kirchenchöre musizieren in unseren Gotteshäusern und bezeugen Gemeinschaft, deren Quelle der Lobgesang Gottes ist. Aus ganz verschiedenen Stimmen wird dennoch eine große Gemeinschaft, in der einer dem anderen antwortet und in der jeder gebraucht wird. In allem aber will Kirchenmusik ein Widerhall des himmlischen Lobgesanges sein: *Heilig, heilig, heilig ist der Herr* (Jesaja 6), herrlich illustriert im Deckengemälde der Tönninger Kirche, welches die versammelte Gemeinde an den 150. Psalm erinnert:

Wandmalereien an den Säulen, Garding, um 1488

Alles, was Odem hat, lobe den Herrn.

Vielleicht ahnen wir nirgends so nachhaltig etwas von der Harmonie und Ordnung, die Gott in seiner Schöpfung gewollt hat, wie im Anhören der Musik. Lobgesang und Anbetung Gottes sind denn auch die eigentlichen Antriebskräfte, den Glauben mutig zu bekennen. Gelegentlich verweisen *Skulpturen* und *Fresken* in unseren Kirchen auf Menschen, die ihren Glauben trotz aller menschlicher Schwachheit tapfer bezeugt haben. In der Gardinger Kirche sind die Säulen mit verschiedenen Personen bemalt – Hinweise auf Männer und Frauen, die Stütze und Halt waren für andere. In der Katharinenheerder Kirche erinnert ein Standbild an den Ritter St. Jürgen, der sein Leben in der Zeit der ersten Christenverfolgung zum Schutz unschuldig verfolgter Menschen hingab und bezeugte: *Man muß Gott mehr gehorchen als den Menschen* (Apostelgeschichte 5, 29). In der Oldensworter Kirche schmückt ein Christophorus-Fresko die Nordwand, von dem allerdings nur noch Reste erkennbar sind.

Archivfoto vom Christophorus in Oldenswort, aufgenommen kurz nach der Entdeckung der Wandmalerei in den 1990er-Jahren

Bis auf wenige Ausnahmen haben unsere Kirchen seit Jahrhunderten ihren festen Ort behalten. Unbeirrt haben die

Menschen an ihnen festgehalten, sie nach Zerstörungen wieder aufgebaut und unter vielen Opfern renoviert. *Opferstöcke* und *Opfertruhen* erinnern dabei an die Weisheit der Bibel: *Geben ist seliger denn Nehmen.*

Etwas Festes muß der Mensch haben, sagte Matthias Claudius, ein unverrückbares Orientierungszeichen, einen verlässlichen Wegweiser. Zu verschlungen sind die Wege des Lebens, voller Gefahren und Krisen, voller Schuld und Enttäuschungen. Mut, Gewissheit, Vertrauen, Vergebung, Versöhnung, neue Kraft brauchen wir. Unsere Kirchen erinnern jede Generation neu daran: Gott gibt dem Leben Orientierung und Bestand. Weil er sich auf Gott einließ und die Verlässlichkeit Gottes leibhaftig erfuhr, konnte der Beter des 23. Psalms dankbar bekennen: *Ich werde bleiben im Hause des Herrn immerdar* (Psalm 23, 6).

Die Orgelkultur der Marschen

Welche Bedeutung einst die Handelsbeziehungen für den kulturellen Reichtum Eiderstedts bedeuteten, können wir anhand der wunderbaren Schnitzaltäre, der qualitätsvollen Kanzeln und vieler anderer Einrichtungsgegenstände in den Kirchen bis heute wahrnehmen. Welches hohe Qualitätsbewusstsein zeichnete das damalige Eiderstedt aus!

Vergessen werden sollte allerdings nicht, welche Bedeutung die Orgelkunst in der Zeit des Spätmittelalters hatte. Unmittelbar vor der Reformation breitete sich die Orgelkultur in den Marschen zwischen Groningen und Ribe aus, auch in Eiderstedt. Die Gardinger und Oldensworter Gemeinden bauten bereits 1512 ihre ersten Orgeln. Fünf Jahre später entstand übrigens die Orgel in der Lübecker Jakobi-Kirche, ein eindrücklicher Hinweis darauf, dass man sich auf Augenhöhe mit der städtischen Kultur befand. Der beeindruckende Gardinger Orgelprospekt ist also ein einzigartiges Merkmal dieser Tradition. Allerdings entstanden auch in anderen Gemeinden, z.B. in Tating, Tönning und Kotzenbüll, im 16. Jahrhundert erste Orgeln. *Die Orgel war ein charakteristisches Kulturprinzip der Marschen geworden.* (Lit. 25). Damals entstand zwischen Ribe und Amsterdam das dichteste Orgelnetz der Welt. Leider blieb in Eiderstedt von dem einstigen Reichtum kaum etwas übrig, weder an Pfeifen noch an der einstigen Mechanik. Bis auf zwei Ausnahmen: In dem immer wieder klanglich veränderten Instrument der Oldensworter Kirche wurden Pfeifen erhalten, die möglicherweise noch aus dem späten 16. Jahrhundert stammen. Besondere Verdienste sind in diesem Zusammenhang dem Tönninger Orgelbauer Johannes Färber zuzuschreiben. Ausgebildet in der Apenrader Orgelbaufirma Marcussen, lernte er dort, wie man alte Orgeln den Klangstandards des 19. Jahrhunderts anpassen kann, ohne ihre alten Pfeifenbestände zu beseitigen. Von ganz besonderer Bedeutung ist die Orgel in der St. Nikolai-Kirche in Kotzenbüll. Die einst im nordöstlichen Querschiff befindliche Orgel wurde im 19. Jahrhundert in den Westen des Kirchenraumes versetzt. Dabei trennte man sich allerdings nicht nur von dem einstigen Rückpositiv, sondern verbarg das Instrument hinter einem neugotischen Gehäuse, das in keiner Weise vermuten ließ, dass sich hinter ihm ein wertvolles historisches Erbe verbarg. Wieder war es der Sorgfalt Johann Färbers zu verdanken, dass bei dem umfangreichen Umbau des Werkes, unter Einbeziehung von Pfeifen des Rückpositives, Pfeifenmaterial aus dem Anfang des 16. Jahrhunderts erhalten blieb. *Für die gesamte Landschaft Eiderstedt blieb hier die Chance gewahrt, den historischen Orgelklang Eiderstedts zurückzugewinnen.* (Prof. Dr. Konrad Küster, Lit. 25).

GARDING

St. Christian, St. Bartholomäus, St. Maria-Magdalena

– gegr. 1109 –

Auf der höchsten Erhebung der Eiderstedter Landschaft liegt die ursprünglich den Heiligen Christian, Bartholomäus und Maria Magdalena geweihte Kirche. Sie beherrscht das Zentrum der kleinen Stadt, der 1590 von Johann Adolf, Herzog von Schleswig-Holstein, die Stadtrechte verliehen wurden. Die Gassen und Straßen des Städtchens laufen sternförmig auf sie zu bzw. führen strahlenförmig von ihr fort. Klassisch kommt dadurch zum Ausdruck, was die Kirche ihrem Wesen nach sein will: Zentrum des Lebens.
Behäbig und wuchtig ruht der Baukörper auf dem hohen Geestrücken, umgeben von jungen Bäumen, die im Jahre 1989 den jahrhundertealten Baumbestand ablösten. Bei einem Rundgang um die Kirche wird man unschwer die zahlreichen baulichen Veränderungen wahrnehmen, die die Jahrhunderte mit sich gebracht haben. Auffälligste Spuren sind die zugemauerten romanischen Fenster an der Nord- und Südwand des Kirchenschiffes. Sie verweisen auf die Anfänge des zweitältesten Kirchenbaus in Eiderstedt. Als Hauptkirche der Landschaft Everschop wurde sie 1109 gegründet. Der Ursprungsbau war bereits in Kreuzform angelegt, im Innern jedoch mit einer flachen Balkendecke versehen. Lediglich der Chorraum wurde noch nicht errichtet; vielleicht wölbte sich im Mittelschiff eine halbrunde Apsis nach Osten.
In den Jahren 1483–1488 wurde der romanische Bau dann gotisch überformt und umgestaltet. Neben den großen Fensteröffnungen sind äußerlich sichtbare Zeugen dieser Veränderung der Anbau des Altarraumes, die Errichtung der Stützpfeiler, der Gewölbe sowie des Turmes.
Ein hohes, spitzes Dach – der Dachansatz ist an der Ostseite des

Innenraum, Gewölbe, 1488

Turmes zwischen den Schallöffnungen noch deutlich erkennbar – zierte die Kirche und gab ihr das typische Aussehen eines gotischen Kirchbaues. Es war ein außerordentlich schwerwiegender Eingriff in die Optik des Gebäudes, als man im Jahre 1660 das Dach der Kirche, vermutlich aus praktischen Erwägungen, niedrig hielt und damit die Dachfläche verkleinerte. Es bleibt der Phantasie der Betrachtenden überlassen, sich in das ursprüngliche Bild hineinzudenken. Ohne Reiz wird es nicht sein. Allerdings muss man diese Kirche erst betreten haben, um ihre besondere Eigenart und ihren Seltenheitswert zu erkennen.

Äußerlich gibt St. Christian nicht zu erkennen, dass es sich bei ihr tatsächlich um ein Unikum handelt. Die Gardinger Kirche ist einzigartig in der Landschaft und weit darüber hinaus im gesamten norddeutschen Raum. Zunächst stellt sie die einzige, noch ganz eingewölbte Kirche dar; lediglich die Gewölbe im Turm sind nicht oder nicht mehr vorhanden. Wohl sind in Eiderstedt gewölbte Altarräume erhalten, aber kein einziges Kirchenschiffgewölbe. Darüber hinaus aber ist das eigentliche Charakteristikum die Zweischiffigkeit des Kircheninneren. In Schleswig-Holstein findet man außer in Krummesse bei Lübeck und Petersdorf/Fehmarn keinen weiteren zweischiffigen Kirchenbau. Wo baugeschichtlich die Einflüsse für diese zweischiffige Hallenkirche liegen, ist bisher nicht erforscht. Bekannt ist lediglich, dass im skandinavischen Raum noch heute auf der schwedischen Insel Gotland 31 zweischiffige Kirchen erhalten sind. Möglicherweise blieb bei dem Wunsch, die Kirche einzuwölben, keine andere Wahl, als sich für die Zweischiffigkeit zu entscheiden, da die Breite des Kirchenschiffes nicht zuließ, es mit einem einzigen Gewölbe zu überspannen. Der Gedanke daran, dass es vielleicht architektonische Absicht gewesen sein könnte, erhöht den Reiz dieses Kirchenraumes nur. Es lohnt, den gediegenen und eigenwilligen Raum, dessen Gewölbe sich auf die zwei schweren Mittelpfeiler stützen, auf sich wirken zu lassen. Man wird reizvolle Durchblicke entdecken!

Ein weiteres, unverkennbares stilistisches Merkmal ist die deutlich erkennbare Kreuzform. Gardings Kirche ist die einzige im Lande, die ein wirklich ausgeformtes Querschiff besitzt. In Oldenswort ist dieses lediglich ansatzweise vorhanden. Der südliche Teil des Querschiffes, in den man durch den noch aus romanischer Zeit stammenden Rundbogen hineingelangt, ist wohl gegenüber dem nördlichen Querarm der ältere. Am Eingang zu diesem Raumteil ist deutlich erkennbar, wie die stilistischen Epochen der Romanik und Gotik förmlich ineinanderlaufen. Wer Freude am bau-

geschichtlichen Werdegang der Kirche hat, mag zur Kenntnis nehmen, dass das ursprüngliche Niveau des Innenraumes im Jahre 1981 durch das Absenken des Fußbodens wiederhergestellt wurde. Seitdem sind die Säulenfüße sichtbar und der Innenraum wirkt gestreckter und schlanker. Denkt man sich für einen Augenblick jegliches Gestühl aus dem Kirchenschiff fort, mag vor dem inneren Auge das Bild einer typischen Wandel- und Prozessionskirche gotischer Prägung erstehen. Inventarien, Gewölbe und Säulenmalereien aus dieser Zeit sind noch erhalten. Es handelt sich allerdings nur um partielle Freilegungen. Außer gotischen Malereien wurden auch solche der Renaissance und des Barock freigelegt. Die Geschichte der Vorfahren ist also in breiter Weise präsent, wenngleich aus romanischer Zeit keinerlei Erinnerung mehr an die Ausstattung der Kirche vorhanden ist. Eindrücklichstes Zeichen für die Zeit vor der Reformation und damit Hinweis auf den gemeinsamen Ursprung der katholischen und evangelischen Kirche ist die schwer beschädigte, aber noch erhaltene Altarplatte. Auf der Stirnseite ist deutlich eine Öffnung erkennbar. In gotischer Schrift ist darüber auf der Platte die lateinische Inschrift zu lesen: hic sunt reliquiae reconditae (hier sind die Reliquien aufbewahrt). An den vier Ecken der Platte aus rheinischem Sandstein befinden sich die Weihekreuze. Die Altarplatte aus gotischer Zeit erinnert die protestantische Kirche daran, dass ihre Kirchengeschichte über das Datum der Reformation zurückreicht. Sie sollte ein deutlicher Hinweis auf die den Kirchen gemeinsamen Grundlagen des Glaubens und die Notwendigkeit der ökumenischen Bewegung sein.
Hinter dem Altar verborgen, in die Ostwand eingelassen, befindet sich die sog. Piscina, ein Ausgussbecken aus gotischer Zeit, das seit einer durchgreifenden Renovierung der Kirche im Jahre 1981 wieder benutzt wird. Dem katholischen Sakramentsverständnis entsprach, dass kein Tropfen des beim Messopfer in das Blut Christi verwandelten Weines vergossen werden durfte. Dasselbe galt für das geweihte Taufwasser. Waren dennoch Reste vorhanden, wurden sie über die Piscina in das Erdreich geleitet. Dieses entsprach christlicher Symbolik: Das am Karfreitag am Kreuz auf Golgatha vergossene Blut Christi versank im Erdboden und erlöste den Erdkreis. Häufig war am äußeren Abfluss der Piscina ein Ro-

Orgelprospekte: Hauptwerk 1512, Rückpositiv 1654

senbeet angelegt, ein Hinweis auf den dornengekrönten Herrn der Kirche. Dieser Symbolik entspricht auch die jetzige Anlage. Wenngleich das Sakramentsverständnis der evangelischen Kirche ein anderes als das der katholischen Kirche ist, so weist dennoch die Rückbesinnung auf den Gebrauch der Piscina auf den unverzichtbar sorgfältigen Umgang mit den Sakramenten hin.
Eine weitaus auffälligere Spur aus der Zeit, in der die Gardinger Kirche ihr jetziges Gepräge erhielt, ist das Triumpfkreuz. Es erhielt 1992 seine gotische Farbgebung zurück und hängt an der Nahtstelle zwischen Altarraum und Kirchenschiff; zur Seite Maria (links) und Jesu Lieblingsjünger, Johannes (rechts). Unsere Vorfahren verstanden sich auf die Sprache der Symbolik: Glauben heißt, zu Christus aufschauen, ihn über sich wissen, unter ihm blei-

ben dürfen, sich ihm beugen. Vielleicht wird diese Sprache heute wieder besser verstanden. Glücklicherweise entdeckt man im evangelischen Raum mehr und mehr die Symbolik als Sprache des Glaubens.

Triumphkreuzgruppen finden wir in den meisten Eiderstedter Kirchen, hingegen ist die Orgel der Gardinger Kirche einmalig, weit über die Landschaft hinaus.

Der Prospekt des Hauptwerkes stammt aus dem Jahre 1512 und stellt den ältesten aus gotischer Zeit original erhaltenen Prospekt Norddeutschlands dar, der selbst in Deutschland eine Rarität ist. Das klingende Werk ging leider verloren, der Versuch aber, es 1974 durch ein neues zu ersetzen, welches dem Klangbild der Gotik nachempfunden ist, scheint gelungen. Bei der Restaurierung wurde berücksichtigt, dass das Gesamtwerk aus drei verschiedenen Stilepochen stammt. Das gotische Hauptwerk wurde in der Renaissance (um 1608) durch ein zusätzliches Register erweitert (heute Regal 8'), das sich über dem Spieltisch in einem kleinen holzvergitterten Schränkchen befindet. Das Rückpositiv folgte als selbstständiges Werk um 1654. Dem eigenwilligen Raum entspricht in jeder Weise ein sehr eigenwilliges Orgelwerk. Beide geben ihr Wesen erst dem preis, der sich geduldig mit ihnen beschäftigt.

Zu den Kostbarkeiten gehört auch die 17 Jahre nach Martin Luthers Tod (1546) gebaute Kanzel. Im Jahre 1524 war von dem Reformator Hermann Tast aus Husum die erste lutherische Predigt auf dem Marktplatz in Garding gehalten worden. Fast 40 Jahre danach, 1563, entstand die erste Kanzel des Eiderstedter Typs. Die Predigt hielt Einzug als fortan wesensbestimmendes Merkmal des lutherischen Gottesdienstes. Fast sieben Jahrzehnte vergingen, bis die Kanzel ihre jetzige Gestalt erhielt, denn 1631 wurde sie um die Kanzeltür und 1658 um ein Gemäldefeld (Christus auf dem Berg der Verklärung, Matthäus 17) erweitert.

Je zwei alt- und neutestamentliche Berichte finden sich auf den vier Reliefs wieder: der Sündenfall (1. Mose 3) und die Aufrichtung der ehernen Schlange (4. Mose 21) sowie die Kreuzigung und die Auferstehung (Original gestohlen, 1980 nach fotografischer Vorlage neu geschnitzt). Das klassische Thema der Reformation, Gesetz und Evangelium, findet hier erstmals seine Gestalt. Die

Kanzelfeld, Verklärung Christi

Stifterwappen sowie die vollplastischen Köpfe des Stallers Sivert Sievertsen (Staller in Eiderstedt von 1564–1578) und seiner Frau, die sich über dem 2. und 3. Kanzelfeld befinden, erinnern an Eiderstedts kulturelle Blütezeit, in der die Einflüsse des Gottorfer Herzogshauses unverkennbar sind und die um die Wende zum 17. Jahrhundert ihren Höhepunkt erreichten. Während der Kanzelkorb seine ursprüngliche Form behielt, wurden die Aufsätze des Kanzeldeckels mit barocken Schnitzereien versehen. Ein bei der Restaurierung 1980 freigelegtes Lutherporträt ist ein Zeuge dieser Zeit geworden, ein ungelenk, aber sicher mit Hingabe gemaltes Bild eines Gardinger Malers. Kunstgeschichtliche Wertungen sind ja im kirchlichen Raum und im Leben der Gemeinde kein letzter Maßstab.

Neben den Inschriften am Kanzelkorb *wo leflic sint de vote ... Vorkundigen wat gudes – Predigen Heil Vorkundige* (oben) und *Den 28 Maius – Sivert Sivertsen – Margarete Sieverts – Anno domini 1563* (unten) ist die lateinische Inschrift bemerkenswert, die auf der Außenseite der Kanzeltür von 1631 erhalten ist. Deutlich erkennbar steht dort: *Suspirium concionatoris in fuggestum ascendentis: Et mentem et linguam tu rege Christe meam* (Seufzer des Predigers, der auf die Kanzel steigt: Lenke du, Christus, meinen Geist und meine Zunge).

Schweren Schrittes sind die Prediger die Kanzeltreppe emporgestiegen, die ausgetretenen Stufen zeugen noch davon. Hier geht jeder, der auf die Kanzel steigt, in den Fußstapfen seiner Vorgänger. So werden Geschichtsbewusstsein und Tradition wach und lebendig gehalten, deren Spuren unsere Zeit so oft vorschnell beseitigt hat. Kein Voreiliger möge die Stufen zur Kanzel verändern! Wer nicht in den Spuren der Geschichte geht, geht an der Zeit vorbei.

Der Inschrift auf der Außenseite der Kanzeltür entsprechen die Bildtafeln auf der Innenseite: Sie zeigen die Jünger auf ihrem Weg nach Emmaus, darüber im Giebelfeld den auferstandenen Jesus.

Aufgang zur Kanzel

Einer aus der langen Reihe der Prediger an dieser Kirche ist im Bild festgehalten: Marcus Detlev Voß, geboren am 15. Dezember 1741 in Tetenbüll, gestorben am 14. August 1815 in Garding, ab 1769 Pastor in Garding, ab 1797 Propst von Eiderstedt, als letzter Eiderstedter Propst im Besitz des Ordinationsrechtes. Ihm verdanken wir die *Nachrichten von den Pröpsten und Predigern in Eiderstedt seit der Reformation,* eine kurze Lebensbeschreibung aller Pastoren und Pröpste. Außerdem machte er sich um das Kirchen- und Schulwesen der damaligen Zeit in besonderer Weise verdient.

Der Gang durch den Kirchenraum ist eine einzigartige Erzählung des Glaubens, Gestalt gewordene Botschaft in Stein, Holz und Malerei. Die Altargemälde nehmen künstlerisch darunter einen besonderen Platz ein. Der Meister des Werks ist bekannt: Marten van Achten (ca. 1540–ca. 1610), Hofmaler am Herzogshaus in Gottorf von 1590–1592. Der Name verrät die niederländische Herkunft. Marten van Achten emigrierte vermutlich aus wirtschaftlichen Gründen. Wie viele Maler lebte er in seiner Heimat offenbar am Rande des Existenzminimums. Er gehörte in die Reihe der bedeutenden Niederländer, für die Rembrandts Name später über allen stehen wird. Marten van Achten wurde innerhalb Schleswig-Holsteins die *führende Vermittlungsinstanz des niederländischen Formenapparates. (Lit. 14).* Sein Gardinger Werk darf als das Hauptwerk des Manierismus in Schleswig-Holstein gelten, dessen

Altar

Gesamtkomposition ausschließlich auf niederländische Stichvorlagen zurückgeht.

Sechs Jahre nach der Stadtgründung (1590) gab sich die Gardinger Gemeinde diesen Altar, ein sichtbares Bekenntnis zum Luthertum. Am 14. September 1574 hatte die Gardinger Synode sich auf den für alle Geistlichen in Schleswig-Holstein verbindlichen Predigereid verpflichtet. Damit stellte sie sich unmissverständlich hinter die lutherische Auffassung der beiden Sakramente Taufe und Abendmahl. Der Import religiöser Ideen im Zusammenhang mit der Einwanderung religiös Verfolgter brachte eine Gefahr für eine konfessionell wenig gefestigte Landschaft mit sich. So sprach der Altar mit seinem Hinweis auf die lutherische Bedeutung der Sakramente (Taufe auf der Rückseite, Abendmahl auf der Vorderseite des Altars) und seinen erklärenden Bildunterschriften eine deutliche Sprache. Die Bildunterschriften (lateinisch) besagen im einzelnen:

Anbetung der Hirten: Menschen, jetzt singt mit Psalmen. Gott ist

ein von einer Jungfrau geborener Mensch und gegeben ist Immanuel, tausend Freuden bringend.
Anbetung der Könige: Ein Stern führt die Magier zu der Wiege des Königs, weil er als Immanuel den Völkern zum Licht gegeben ist.
Beschneidung: Jesus Christus unterwirft sich rein den Gesetzen, damit uns weder die schwere Last des Gesetzes noch die Flüche belasten.
Taufe: Damit der reine Christus mit seinem Blut die Unreinen reinigt, wird er nach seinem Willen mit der Heiligen Quelle des Jordans getauft.
Passahmahl: Indem Christus das Mahl des alten Osterfestes feiert, lehrt er, dass er das wahre Osterlamm ist.
Abendmahl: Christus, mit deinem Leib nährst du uns, mit deinem Blut tränkst du uns, damit der fromme Geist immer eingedenk deines Todes sei.
Christus in Gethsemane: Wie schwer Gottes Zorn und die Tyrannis des Todes und des Teufels ist, mahnen der blutige Schweiß Christi und sein Leiden.
Wohin furchtsame Gemüter und erschöpfte Herzen fliehen können, lehren uns die Seufzer, Wünsche und Bitten des Herrn: Lieber Vater, ich bitte Dich, wenn es möglich ist, nimm den bitteren Kelch fort, wenn nicht, will ich ihn desto bereiter trinken.
Christus vor Kaiphas: Der sündige Priester sprach dich, Christus, den Unschuldigen, schuldig, damit der Zorn nicht die bedrängt, die an dich glauben.
Dornenkrönung: Durch ein ruchloses Urteil verurteilt dich, Christus, Pilatus, der Geist (aber) bleibt beschmutzt, auch wenn die Woge die Hände wäscht.
Auferstehung: Siehe, der Auferstandene ist da, nach Überwindung des Todes, der Loskäufer, weshalb muss man noch Tod, Teufel, Hölle, Geifer fürchten. *(Lit. 14).*
Der jetzige Altar löste den ursprünglich wohl vorhandenen Schnitzaltar ab.
In der Thematik unterscheidet er sich von den übrigen Altären Eiderstedts dadurch, dass er nicht die Kreuzigung Jesu zum Hauptthema des Bildwerkes erklärt.
Die Mitte zeigt den Gebetskampf Jesu in Gethsemane unmittelbar

vor seiner Verhaftung, deutet allerdings im Hintergrund auf die Kreuzigung hin. Die Seitenflügel weisen in den oberen Bildfeldern auf zwei weitere Stationen der Passion hin: Jesus vor dem Hohenpriester Kaiphas (links) und seine Verspottung (rechts). Die unteren Bildfelder der Seitenflügel nehmen die Thematik des Passahmahles (letztes Mahl des Volkes Israel vor dem Auszug aus Ägypten, 2. Mose 12f.) und des Abendmahles (letztes Mahl Jesu mit seinen Jüngern) auf. Das letztere Bild findet sich als Kopie in den Gemäldealtären der Kirchen in Poppenbüll und Welt.
Die Rückseiten der Außenflügel befassen sich thematisch mit der Anbetung der Hirten vor der Krippe Jesu, der Huldigung der drei Weisen aus dem Morgenland (untere Bildtafeln links und rechts) sowie der Beschneidung und der Taufe Jesu (obere Bildtafeln links und rechts). Das aufgesetzte Giebelfeld des Altars (mit der Signatur des Künstlers Marten van Achten) zeigt die Auferstehung Jesu. Eingefasst wird es von Figuren der vier Tugenden: Fortitudo (mit Schwert/Tapferkeit), Humilitas (mit Kreuz/Demut), Fides (mit Kelch/Glaube), Spes (mit gefalteten Händen/Hoffnung). In der Predella lesen wir außer den Einsetzungsworten zum Abendmahl und einem weiteren Schriftzitat (1. Korinther 6, 25): *Durch Beförderung des Ehrwürdigen H. Petri Aurifabri Pastoris ist diss Altar mit reicher zulage der Edlen und Erbaren Margarete Sivertzen des achtbar Jacob Sweins und seiner Hausfrawe Nomel auch der tugentsamen Popke Haiens verfertiget ano 1596 6. Febr.* Auf den Sockeln seitlich der Predella befinden sich folgende Darstellungen: links Kirche und Pelikan (Christus-Symbol) sowie rechts Lamm Gottes (Wappen der Stadt Garding) und Schwan (Christus-Symbol, anknüpfend an den letzten Ruf Christi am Kreuz: *Man sagt uns allen, dass der Schwan singt, wenn er sterben soll. Dem tut dein Sohn gleichen wohl.)* (Konrad von Würzburg, Goldene Schmiede).
Bemerkenswert sind die 1978 restaurierten und in den Originalzustand versetzten Kniebänke für den Abendmahlsempfang. Sie entstammen dem Jahr 1705 und lassen die herbe Schönheit des norddeutschen Barocks erkennen, die mit üppiger Schnitzerei aufwartet. Man beachte die fantastischen Vogelköpfe, Blumengirlanden und Weintrauben. Mit ihrer Anordnung rechts und links der

Altarstufen weisen die Bänke auf die alte Sitte des Altarumganges beim Sakramentsempfang hin. Auf der einen Seite wurde das Brot, auf der anderen der Wein gereicht: Gemeinde in Bewegung um das Zentrum und die Mitte des Gotteshauses, den Altar. Sitten und Brauchtum haben gewechselt, aber sie bleiben ermutigende Hinweise für die gegenwärtige Generation, sich in der Praxis des Glaubens und der Frömmigkeit wandlungsfähig zu zeigen.
Aus der Entstehungszeit des Altars stammt ein bemerkenswertes Bild des niederländischen Künstlers Johann van Enum, tätig etwa zwischen 1573 und 1615. Am Fuß des Kreuzes die Signatur: J.V.E.F. – Ao.60-Flenopo. Das Gemälde zeigt die Kreuzigung Jesu und wurde um das Jahr 1600 geschaffen, ursprünglich als Hauptbild eines großen Epitaphs. Es war umgeben von reichem Schnitzwerk und zwölf Wappentafeln, gestiftet von Johann Schweins und zwölf Miterben. Der familiäre Rahmen wurde Opfer der Zeit, die eigentliche Substanz des Werkes blieb erhalten. Übrigens darf man wohl in der auf das Kreuz weisenden Gestalt das Selbstporträt des Malers oder Stifters entdecken. Diesem künstlerisch beachtlichen Gemälde folgten in den Jahren 1625, 1630, 1642 und 1675 vier Epitaphien, die an der Südwand der Kirche, im südlichen Querschiff und im Chorraum angebracht sind. Für die Stadtgeschichte von besonderem Reiz ist das Epitaph für den ersten Bürgermeister der Stadt Garding, Nisz Schmidt und dessen Ehefrau. Das monumentale Werk aus dem Jahre 1630 – angebracht im südlichen Querschiff, dem Begräbnisplatz des Bürgermeisters –, zeigt außer dem Hauptgemälde in zwei Medaillons die Porträts des Ehepaares Schmidt. Das Gemälde greift eine doppelte biblische Thematik auf: die Geschichte von Josephs Inthronisation durch den Pharao (1. Mose 41, 37ff.) und Jakobs Segen über die Söhne Josephs (1. Mose 48, 13ff.). Kein weiteres Epitaph in Schleswig-Holstein hat diesen biblischen Bezug. Beruf und Familie des Bürgermeisters werden unmissverständlich im Licht der Bibel gesehen und verstanden. Dieses Epitaph weist übrigens stilgeschichtlich in den Umkreis der Ringerink-Schule.
Neben vielen Details nimmt man nicht ohne Schmunzeln auf dem verkröpften Dreiecksgiebel, der Ädikula mit dem Bild der Auf-

erstehung, zwei sitzende Frauen mit Schlange und Spiegel wahr – vielleicht Hinweise auf die Gefahr der Eitelkeit und Verführbarkeit der Regierenden, in jedem Fall Hinweise auf Christus, der das Böse besiegt und die Christen zu seinen Spiegelbildern bestimmt hat. Wichtiger bleibt die Bitte: *Gott gebe dir den Segen Abrahams, dir und deinem Samen mit dir* (Bildüberschrift) und die Feststellung: *Das Gedechtnuße der gerechten bleibt im Segen* (Bildunterschrift). Im wahrsten Sinne angehängt sind die persönlichen Lebensdaten. Bürgermeister kommen und gehen, aber sie bleiben auf Gottes Segen angewiesen.

Besondere Beachtung sollte man den Gedenktafeln der Familie Meyer widmen. Eine schlichte Inschrifttafel im typischen Renaissancestil (1625, Südwand) erinnert an den einstigen Schulmeister und Capellan Sebastian Meyer (geb. 20. Januar 1551 – gest. 24. Februar 1613), dessen beide Söhne, Benedictus und Petrus, langjährig in Garding wirkten. Benedictus Meyer (geb. 04. April 1591 – gest. 24. November 1642) war Pastor in Garding in schwerer Zeit. 1634 vernichtete eine der furchtbarsten Sturmfluten, die große *Mandränke*, große Landesteile der nordfriesischen Küste. Das ihm zum Gedächtnis gesetzte Epitaph (1642/im Altarraum) zeigt die Auferweckung des Lazarus (Johannes 11) sowie die Porträts der knieenden Stifter.

Mit der Erinnerung an eine der schlimmsten Naturkatastrophen im nordfriesischen Raum verbindet sich also der Hinweis auf die todüberwindende Gewalt Jesu. Das Bild wird von folgender Inschrift gerahmt: *Wie Lazarus hat sterbe müssn und seine Sünd im Grabe büssn Also sind auch Entschlafen Wir Und haben unse Ruhstet hier. Wie Christus hat dürch seie Macht Den Lazarum herfür gebracht So wird er Uns auch gewißlich geben Am jüngsten Tag das ewig Lebn.*

An ein besonders hartes persönliches Lebensschicksal erinnert die in ihrer ursprünglichen Fassung erhaltene Gedenktafel für Petrus Meyer (1675, Südwand), der 25 Jahre Bürgermeister der Stadt war (gest. 1678). Ihn und seine Frau zeigen die Porträt-Medaillons. Von elf Kindern wurden den Eheleuten zehn wieder genommen. Wen wundert es, dass das Gemälde die Geschichte von Jakobs Kampf mit dem Engel (1. Mose 32, 23ff.) zeigt – das Ringen des

Menschen mit Gott. Dabei trägt die Jakobsgestalt deutlich porträthafte Züge. Übrigens ist das handsignierte Bild das einzig erhaltene Werk des Meisters P. Goldschmidt.

Eine Wiederentdeckung für die Gemeinde stellt die Bildfolge (um 1620) an der Nordempore dar, die 1981 freigelegt wurde. Um 1840 wurden sämtliche Bilder überstrichen. Sie erzählen nun wieder die wohl bewegendste Familiengeschichte des Alten Testaments, die Geschichte Josephs und seiner Brüder (1. Mose 37–50).

Nicht typisch für die Kirchen Eiderstedts ist die Taufe von 1654 aus schwarzem Marmor. Sie hat ein wesentlich wertvolleres Gegenstück in der St. Laurentius-Kirche in Tönning. Vermutlich stammt diese Arbeit aus der Werkstatt des Bildschnitzers Hans Ochs. Die Reliefs aus Alabaster zeigen die Berichte von der Beschneidung Christi (Lukas 2, 21), seiner Taufe (Matthäus 3, 13ff) und der Kindersegnung (Markus 10, 13ff). Eingearbeitet ist das Wappen des Stifters, des Stallers Caspar Schwenke. Die Inschrift am oberen Rand berichtet: *Herre Casparo Schwenke Dehro zu Schleswig Holstein, Regierende Fürstl: Durchl: 17. jähriger Landtschreiber, und 13. jähriger Staller in Eyderstede, zum Andencken, und Gott zu Ehre ist diese Tauffe von desse Erbe gesetzet worde. Ao 1654.* Der die Taufe zierende Deckel entstand 1732 (1998 restauriert) und zeigt Johannes den Täufer bei der Taufe Jesu im Jordan. In der oberen Bekrönung des Deckels finden wir als Symbol für die Hingabe Jesu die Figur des Pelikans, der seine Jungen mit seinem eigenen Blut speist.

Jedes Jahrhundert hinterließ Spuren seiner Anhänglichkeit an die Kirche. Das 19. Jahrhundert schmückte das Kirchenschiff mit drei Messingleuchtern und unternahm eine Gesamtrenovierung des Innenraumes, deren Spuren bei der letzten Umgestaltung sämtlich beseitigt wurden. Der künstlerische Beitrag unseres Jahrhunderts besteht u.a. in der Fertigung farbiger Glasfenster für den Chorraum und das südliche Querschiff (Siegfried Assmann, 1925–2021). Mit dem Motiv des Fischzuges weist das Fenster der Taufkapelle die christliche Gemeinde auf den Auftrag hin, im Namen ihres Herrn tätig zu werden und seinem Wort zu folgen. Schließlich konnte im Jahr 1979 ein Taufleuchter in Gebrauch genommen werden. Der Kreuzfuß und die in Form einer Krone gehaltene Tropfschale des

Buntglasfenster, Siegfried Assmann

Leuchters deuten auf den, der als der Gekreuzigte Sieger blieb, der von den vier Evangelisten verkündigt wird und dessen Macht in alle vier Himmelsrichtungen wirkt. Die von oben nach unten verlaufende Inschrift *Ich bin das Licht der Welt* wird in der Symbolsprache aufgenommen. Die griechischenAnfangsbuchstaben des Christusnamens (Chi und Rho, X und P) werden eingefasst von den Anfangs- und Endbuchstaben des griechischen Alphabeths (Alpha und Omega): Christus Anfang und Ende, gekreuzigt und gekrönt. In der oberen Zone des Leuchters erinnern Sonne, Mond und Sterne an den ersten Schöpfungsmorgen; der Neumond weist auf Ostern als das Fest, an dem Gott den Anfang seiner neuen Schöpfung setzt und Christus zum Licht der Welt macht. Der Taufleuchter reiht sich von seiner Qualität her würdig in die Gesamtausstattung ein und deutet an, dass jede Generation nicht nur das Alte zu bewahren, sondern das Alte in die Sprache der Zeit zu übersetzen hat. Der in Messing-Bronze gegossene Leuchter, der Nachbau eines gotischen Lesepults (1979, Original in Kating) und die Truhenorgel (1984) sind dafür ein sinnfälliger Ausdruck.

Zeit und Ewigkeit sind in Gardings Kirche auf vielfache Weise zur Sprache gebracht. Damit wir wissen, dass alle Zeit des Menschen von Gott bestimmte Zeit sein soll, schlug das Uhrschlagmännlein von 1512, zugehörig zum noch erhaltenen ältesten Uhrwerk Schleswig-Holsteins, in früheren Jahrhunderten Zeit und Stunde: *Mensch, bedenk die Ewigkeit.* In Verbindung damit stand wohl auch die kleine spätgotische Figur des Ritters St. Georg als Aufforderung, die Zeit zu nutzen zum Kampf gegen das Böse.

Beim Verlassen der Kirche beachte man die kreisförmige Markierung im Fußboden hinter der westlichen Säule – ein Hinweis auf das 1981 wiederentdeckte und freigelegte spätmittelalterliche Taufpostament. Jahrhundertelang war es Brauch, die Taufe im Westen aufzustellen, in deutlicher Beziehung zum Haupteingang. So erfuhr man bereits beim Betreten einer Kirche ihren Sinngehalt: die Taufe – Eingang in die christliche Gemeinde und Beginn des Weges mit Christus und seiner Gemeinde.
Das Eingangsportal mit seinem stilisierten Baummotiv weist darauf hin, worum es in jeder Kirche geht: um das gute Wachstum unseres Lebensbaumes, um die Einladung, Christus als die Tür zum guten und wahren Leben zu entdecken.

KATHARINENHEERD

St. Katharina

– gegr. etwa um 1113 –

Katharinenheerd verbindet sich für die Eiderstedter mit dem Namen Martje Flohrs. Er versetzt uns zurück in die Zeit, als der Große Nordische Krieg (1700–1721) wütete. In der Auseinandersetzung um das Herzogtum Schleswig lagen Dänemark und Schweden im Krieg. Seinen Anfang nahm dieser im Jahre 1700 mit der Belagerung der zum Hause Gottorf gehörenden, die Eidermündung beherrschenden Stadt Tönning durch die Dänen. Diese war zur zweitstärksten Festung der Herzogtümer ausgebaut worden. Feindliche Truppen hatten, so erzählt die Sage, auf einem Hof in Katharinenheerd Quartier genommen. Sie zechten und hausten, als seien sie die Besitzer. Die 16-jährige Tochter des Hauses stand unwillig dabei und sah verärgert dem Treiben zu. Im Übermut habe schließlich einer der Offiziere das Mädchen aufgefordert, doch auch einmal Gelegenheit zum Anstoßen zu geben. Sie nahm daraufhin das Glas und sagte: *Et gah uns wol up unse olen Dage!* Die Belagerer schwiegen betroffen. Es vergeht seitdem bis heute kaum eine festliche Gelegenheit in Eiderstedt, bei der dieser Trinkspruch nicht zitiert wird. An der äußeren Südwand des Chores erinnert ein Stein-Relief an Martje Flohrs (21. April 1689–31. Januar 1747) und damit zugleich an die vielen Bitten um Frieden, die in Notzeiten in den Kirchen unserer Landschaft ausgesprochen werden. Daran möge man denken, wenn man das Innere dieser kleinen Dorfkirche betritt, einen alten Bau, dessen Nordwand noch romanischen Ursprungs ist. Er wirkt anheimelnd. Dieser Raum vermag Menschen leichter zusammenzubinden als die großen Kirchen.

Auch dieses Haus besitzt ein Unikum, den Ritter St. Jürgen zu Pferd aus dem 15. Jahrhundert, ein Pferd mit interessanter Vergangenheit. Während der Tumulte um die Einführung der Reformation in Eiderstedt haben die Katharinenheerder angeblich ihre Statue vergraben, um sie nicht – wie es der Befehl des dänischen Königs vorsah – abliefern zu müssen. Noch heute jedenfalls heißt eine Fenne in der Nähe der Kirche *Holtenpeer* (hölzernes Pferd). Nun – ausgeschlossen ist diese Geschichte nicht. Immerhin wird von Christenmenschen ein gutes Maß an Pfiffigkeit verlangt, wenn es darum geht, sich unrechtmäßigen Forderungen zu entziehen. Möglicherweise aber fiel der alte Schnitzaltar dem Auslieferungsgebot des Königs Friedrich I. zum Opfer. In die Frühzeit der Ausstattung gehört jetzt nur noch die achteckige Taufe aus Namurer Kalkstein hinein, die dem 16. Jahrhundert entstammt. Der Taufdeckel wurde später hinzugefügt. Seine Inschrift lautet: *Dises hat den Hr. L. Mann Peter Dethleffs und seine Fr. Tochter Anna Dethleffs zur Ehre Gottes gegeben im Jahre Christi anno 1727.* Unmittelbar vor Ausbruch des Dreißigjährigen Krieges, in der Blütezeit Eiderstedter Kultur, wird die Katharinenheerder Kirche wieder reicher ausgestattet. In nur fünf Jahren halten vier wertvolle Inventarien ihren Einzug in die Kirche: die Kanzel mit Schalldeckel 1612, die Triumphkreuzgruppe 1615, der Altar und die Kirchenuhr 1617, dazu die Sitzloge im Altarraum. Im Nordwesten der Kirche wird zu dieser Zeit der hölzerne Glockenturm errichtet.

Ritter St. Jürgen zu Pferd

Der mächtigen Kanzel glaubt man kaum, dass sie ursprünglich für diesen Raum geschaffen sein soll. Die vier Relieffelder im Hochrenaissancestil zeigen Verkündigung, Geburt, Kreuzigung und Auferstehung Jesu. Über und unter den Reliefs finden sich im Zusammenhang mit der Inschrift an der Treppenverkleidung die Worte: *Idt schal iw gegeve wird wat gi rede schollen. / Gi sind idt nicht / De dar reden sun / der iwes Vaders / Geist isset de dorch iw redet, Mat. X. 19* (oben), *Wol mi levet de holt min Wort / Und min Vader werd ene leven / Und wi werden tho em kamen / Und eine Waning bi em maken. Joha. 14.* Die Wandverkleidung der Kanzel zeigt eine Kopie des Emmausganges der Gardinger Kanzel, die prachtvolle Kanzeltür in reicher Renaissancearchitektur weist auf das Jahr der Entstehung hin: 1612. Triumphbalken und Kreuzgruppe entstehen nur wenige Jahre später. Die Inschrift am Balken gibt das Motiv preis, das die Stifter zur Schenkung bewogen hat – kindliche Liebe und Verehrung der Eltern: *Dies Cruzifix und Abkleidung des Chors haben zu Gottes Ehren und dieser Kirchen Zierat dem / Ehr. achbarn und wolweisen jungen Jacob Weilands Radtvorwanten zu Cathrinharde / seine nachgelassene Kinder und Erben aus kindtlicher schwegerlicher Liebe und zu sei / nes ehrlichen Namens Gedechtnis lassen setzen. Ist selich in Got vorstorbe de 15. Dec.: Ao 1615 seines Alters im 72 Iare.* Es lohnt schon, im Angesicht des Kruzifix ein wenig über das Verhältnis von Eltern und Kindern nachzudenken. Welche Kraft der Verbundenheit kann aus dem gemeinsamen Aufschauen auf den Gekreuzigten erwachsen! Glaube und Liebe hängen ineinander: Fides und Caritas rahmen dann auch das Inschriftenfeld der Predella des Altars. Die lesenswerte Inschrift lautet: *ANO 1616 den 17 FEB: starb selich in godt der Erbare Vorneme Jone Jacobs, Weilands Lenssman dieses Carspelß, seines alters in 41 Jare. Und hatt zu Gottes Ehren, Seine nachgelassene Wittwe, die Erbare tugentreiche Anna Jonss, sonsten Schultzen, ihrem lieben seligen Manne, zu Ewiger gedechtnuss, und anzeigung ihrer hertzlichen liebe, nach seinem beger und willen, diess Altar lassen setzen, Und ein löblich Carspel Catrinharde, damit vorehrett.* Darüber ist in lateinischer Sprache zu lesen: *Diesen Gott geheiligten Altar, ausgezeichneten Schmuck dieses heiligen Hauses, ließ die demütige Frömmigkeit erbauen.* Der Altar selbst zeigt in seinem Mittelfeld eine Darstellung des Heiligen Abendmahls, in seinen Seitenflügeln das Passahlamm und die Kreuzigung, in der Bekrönung den Auferstandenen (Govert van Achten). Die lateinischen Inschriften lauten übersetzt: *Das Osterlamm war Christi hohe Gestalt, jener war das Opfer, das dem gerechten Gott willkommen*

Epitaph Schnel, 1658

war. Der du am Kreuze hängst, o großer Erlöser, Christus, neige dein süßes Haupt zu mir.

Die beredte Sprache des Kircheninneren wird man auch im Blick auf das einzige in Eiderstedt innerhalb der Kirche befindliche Zifferblatt vernehmen. Wer wollte sagen, dass es im Zeitalter der Hektik nicht lohnte, sich sagen zu lassen: *De dodt ist gewis, ungewiß der tach, Die Stund auch niemant wisse mach, Darumb fürcht Gott, gedenck dabei, Das jede Stund die letzt sei.*? Die Totenschilde an der Ostwand beziehen die Unzahl der vor uns Heimgegangenen symbolisch ein. Eine Generation, die den Tod zu ihrem eigenen Schaden verschweigt, kann hier lernen, sich mit ihm auseinanderzusetzen. Das mag auch angesichts der beiden kleinen Votivtafeln (ca.1695) gelten, deren Bilder Jakob im Kampf mit dem Engel (1. Mose 32) und Petrus auf dem Meer (Matthäus 14) zeigen. Letzteres trägt die Inschrift: *Gott hülff mir den daß waßer geht mir biß an die Seele. Ich ver / Sincke im tieffen schlam, da kein Grund ist. Ich bin im tieffen Waßer und die Flut will mich erseuffen.* Ist diese Inschrift ein Hinweis auf eine der vielen Sturmfluten, die Menschen in Angst und Schrecken versetzten?

Von dramatischer Aussage ist auch das wertvolle Schnelsche Epitaph von 1658. Das beeindruckende, hochbarocke Schnitzwerk wird Claus Heim zugeschrieben. Es zeigt das Gemälde einer Vision des Weltenrichters, flankiert von den Figuren des Petrus und Paulus (seitlich), des auferstandenen Erlösers (oben) und Putten sowie vier Brustbildern der Stifter (rechts: Pastor Schnel; unten: Frau Margar. Schnel; links: Pastor Jacobi; oben: Landschreiber Hauckens). Im Unterschwung des Epitaphs heißt es: *Denkmal des Hr. Joh. Schnel, Predigers hies. mit seiner Ehefrau Margar. Sch(n)ellin und ihren verstorbenen Ehemännern Hr. Thomas Hauckens, Landschreiber in Everschop u. Utholm u. Hr. Broder Jacoby, Pastor hieselbst Anno 1658. Renov. 1860.*

Zifferblatt

Beim Verlassen der Kirche fällt der Blick auf die Westempore, deren Entstehen wohl auf die Zeit von 1635 bis 1652 zurückzuführen ist. 1840 wurde sie mit einem Orgelwerk des Rendsburger Orgelbauers

Schultze ausgestattet, das von einem schlichten neugotischen Gehäuse eingefasst ist. Nach Jahrzehnten der Unbespielbarkeit konnte das Werk, unter Beibehaltung alter Materialien und mit im Wesentlichen historischem Grundbestand, durch die Orgelbauwerkstatt Führer/Wilhelmshaven restauriert werden.

Emporenfeld Ps. 38, 10

14 Bilder schmücken die Empore. Diese dürfen als ikonographisch sehr interessante Bauernmalerei des Spätbarock gelten. Es handelt sich um allegorische, geistesgeschichtlich bemerkenswerte Interpretationen von Bibelsprüchen, vornehmlich aus den Psalmen. In Eiderstedt stellen sie eine absolute Seltenheit dar. *Diesem ideenreichen Zyklus [liegt] eindeutig das von dem Antwerpener Jesuitenpater Hermann Hugo (1588–1629) verfasste und von dem in Amsterdam tätigen Kupferstecher Boetius à Bolsert illustrierte Andachtsbuch ›Pia desideria ... Antwerpen 1624 zugrund. (Lit. 3).*

Allein das Betrachten dieser Bilder mag daran erinnern, in wie vielfältiger Weise unsere Vorfahren mit dem Buch des Lebens, der Bibel, umgegangen sind. Sich mit ihr auseinanderzusetzen, lohnt sich noch heute.

Kating

St. Laurentius

– gegr. um 1200 –

Nur wenige Schritte vom Katinger Watt entfernt liegt die St. Laurentius-Kirche. Die Ost-West-Achse der Kirche ist genau auf den Turm der dem gleichen Patron geweihten St. Laurentius-Kirche in Tönning ausgerichtet. Von weither grüßt der Turm, wohl gegen Ende des 15. Jahrhunderts erbaut, oft verändert, abgebrannt und zuletzt 1978 renoviert. In ihm hängt die älteste Kirchenglocke Schleswig-Holsteins in Bienenkorbform, um 1300 gegossen. Es gibt keine Kirche in Eiderstedt, die nicht ihre besonderen Schätze hätte.

Die größte Kostbarkeit im Besitz der Katinger Gemeinde ist mit Sicherheit der spätromanische Kelch, ein außerordentlich beachtliches Stück der Gold- und Silberschmiedekunst. In seinen Fuß sind vier Reliefs in Medaillonform getrieben, die die Ankündigung der Geburt, die Geburt, Geißelung und Kreuzigung Jesu zeigen. In Eiderstedt gibt es kein kultisches Gerät, das diesem Kelch vergleichbar wäre. Vieles andere ist verlorengegangen; die Kirchenschätze sind vor Plünderungen nicht verschont geblieben. Umso kostbarer ist die Katinger Hinterlassenschaft. Noch heute feiert die Gemeinde mit diesem Kelch das Sakrament des Heiligen Abendmahls und weiß sich mit den unzähligen Christen verbunden, die vor ihr zur Stärkung ihres Glaubens aus diesem Kelch getrunken haben. Welch eine Kontinuität!

Wer sich einladen lässt, die Katinger Kirche zu betreten, wird überrascht sein von der Länge des Kirchenschiffes, dessen westlicher Teil noch im wesentlichen aus romanischer Zeit (Feldsteine) stammt und dessen östlicher Teil in frühgotischer Zeit angefügt wurde. Alte, vermauerte Portale weisen auf diese Zeit hin. Dicht gedrängt stehen im Innern die Kostbarkeiten beieinander. Aus spätgotischer Zeit stammen Reste eines Chorgestühls (um 1480), ein Lesepult (um 1500), der Triumphbalken mit der Kreuzgruppe (um 1520) sowie der Altar (um 1450). Die Kanzel (1580), Reste einer Gestühlsloge, ein Opferschrank und die Taufe (1626) sind der Renaissance zuzuordnen. Die Abendmahlsbänke wurden angeblich 1712 aus Tönning geholt.

Kelch, um 1300

Ein ganz seltenes und ikonographisch sehr bemerkenswertes Stück ist der Triumphbalken, einmalig in Eiderstedt. Im Osten sieht man unter einer Reihe quadratisch gefasster Rosen eine dicke

Triumphkreuzgruppe, 1520

Weinranke und in deren Dickicht einen Jäger mit Horn und Speer sowie zahlreiche Tiere wie Einhorn, Hund, Hase, Hirsch und Wildsau. Im Westen fällt die gleiche Weinranke auf, die nördlich dem Halbmond, südlich der Sonne entspringt. In der Mitte sieht man ein von zwei liegenden goldenen Löwen gehaltenes Wappen und ein von zwei Pfeilen durchbohrtes Herz, aus dem eine Rose erblüht. Zu beiden Seiten des Wappens sind allegorische Tiere dargestellt: Bär, Hund, Kranich, Affe (in besonderer Pose!) und Fuchs. Die Darstellungen dieses Balkens sind wohl als Allegorie der Höllenkräfte zu deuten, die durch den Gekreuzigten überwunden und ihrer Macht beraubt sind.
Die Kreuzgruppe, aus der gleichen Zeit stammend, verdient nicht weniger Beachtung. Das Holzkreuz endet in drei heraldischen Lilien und steht auf einem Golgathahügel mit Totenkopf und Knochen. Unschwer ist zu erkennen, dass die weiteren Bestandteile der Kreuzgruppe späteren Datums (1666) sind. Die Stifterschilde zu beiden Seiten von Maria und Johannes tragen vorderseitig Inschriften aus 1. Johannes 1 und Jesaja 53, Hausmarken, Namen und rückseitig Stiftertexte. Was ist hier einst der Gemeinde zur Besinnung und Meditation vor Augen gesetzt worden! Ist diese Sprache etwa veraltet? Es lohnt, sich in Muße in jedes der Inventarstücke hineinzudenken. Auch dabei wird der Glaube unserer Vorfahren lebendig.
Bei der Gestaltung der Kanzel von 1580 im Eiderstedter Typ fällt auf, dass sie nur neutestamentliche Themen behandelt: Gethsemane, Geißelung, Dornenkrönung, Kreuzigung und Auferstehung. Mit der Kanzel ist der Name des bedeutendsten Eiderstedter Stallers Caspar Hoyer verbunden. Für Wappenkundige sind hier im Übrigen noch reiche Funde zu machen. Die im Gebälkfries durchlaufende Inschrift lautet: *So spreckt de Here ick hebbe ken Wolgeval am Dode des Godtlosen, Hesekiel 33.* (So spricht der Herr: Ich habe kein Gefallen am Tode des Gottlosen). Im Sockel des Kanzelkorbes lautet die lateinische Inschrift: *Agite poenitentiam vitae prioris propinquum enim est regnum celob. Mt. 7* (Tut Buße, denn das Himmelreich ist nahe herbeigekommen, Mt. 3, 2). Der Deckel mit sechs Attikagiebeln und Obelisken aus dem Entstehungsjahr trägt die Inschrift: *Wendet iw to mi sprikt de Here so*

werde gi salich aller Werlt Ende, Esaja 45. (Wendet euch zu mir, spricht der Herr, so werdet ihr selig, aller Welt Enden.). Zur Kanzel gehören zwei weitere Relieftafeln, die heute an der Südwand der Kirche hängen. Die eine zeigt Christi Himmelfahrt und Pfingsten. Ihre Inschriften lauten: *Kamet her tho mi alle de gi bemojet* (oben) und *Unde beladen sin ick wil iw vorquicke. Mat. II* (unten) (Kommet her zu mir alle, die ihr mühselig und beladen seid, ich will euch erquicken). Die andere Tafel, im 17. Jahrhundert hinzugefügt und vom Manierismus bestimmt, stellt den Evangelisten Johannes und Paulus dar. Über ihnen die Inschrift: *Wi geloven dat Jhesus si Christ.* und *de Sone des levendigen Gades* (Wir glauben, dass Jesus der Christus ist, der Sohn des lebendigen Gottes). Über dem Paulus-Relief erkennen wir das Wappen der Familie Volquart Todens, die der Kirche 1626 die hölzerne Taufe schenkte.

Nicht übersehen werden sollte das Lesepult mit sehr schön geschnitztem gotischem Faltwerk. In Eiderstedt ist es, außer dem Sängerpult in Kotzenbüll und dem Buchbrett in Uelvesbüll, das einzige erhaltene Stehpult aus gotischer Zeit. Die gediegenen Maße sowie die stilistische Qualität dienten dem Gardinger Lesepult als Vorbild.

An die Zeit gottesdienstlichen Lebens um 1450 erinnert die Altarmensa. Sie trägt an ihrer südlichen Außenkante als einzige in Eiderstedt das Steinmetzzeichen △. Am gotischen Altarschrein (restauriert 1989) mit seiner figurenreichen Kreuzigungsdarstellung (30 Personen) fallen insbesondere die Maßwerkbaldachine auf, unter denen Christus und die Schächer bzw. die Figuren der zwölf Apostel stehen. Bemerkenswert sind ihre Attribute, die vollständig und besonders gut erhalten sind. Erwähnenswert ist auch das in der Predella befindliche Abendmahlsgemälde, eine seitenverkehrte Kopie nach Rubens (1712). Die Inschrift in lateini-

Predella, Darstellung des Abendmahls, um 1450

Hölzernes Taufbecken, 1626

scher Sprache (links daneben) mit dazugehöriger Übersetzung (rechts neben der Predella) fordert auf, vor dem Geheimnis der Gegenwart Christi im Sakrament still zu werden und Gottes Macht mehr zuzutrauen als dem menschlichen Verstand: *En in pane suum corpus vinoque cruorem Christus discipulis porrigit ipse suis, qua fieri id possit ratione inquirere noli. Non impossibils res erit ulla deo.* (Im Brot sein Leib, im Wein sein Blut Christus seinen Jüngern gibt. Wie das zugehe, forsche nicht – bei Gott kein Ding unmöglich ist.). Über dem Altarschrein befand sich bis in die jüngste Zeit ein hölzernes, gotisches Kruzifix, inzwischen als Leihgabe dem Martje-Flohrs-Haus (Alten- und Pflegeheim) in Garding übergeben.

Die in der Nordostecke des Kirchenschiffes befindlichen Reste eines gotischen Chorgestühls verdienen besondere Beachtung, weil aus dieser Zeit in Eiderstedt nur noch in Kotzenbüll und Witzwort Chorgestühlsreste erhalten sind. An den Zwischenwangen des Gestühls hat man abwechselnd einen Narren- und einen Drachenkopf geschnitzt, Zeichen für die Blindheit und Unbelehrbarkeit des Menschen und das Böse.

Einzigartig in Eiderstedt ist die hölzerne Taufe mit Deckel aus dem Jahr 1626. Man beachte die acht Relieffiguren weiblicher Allegorien, die den Ständer umstehen (Caritas, Temperantia, Justitia etc.). Seit Anfang des 17. Jahrhunderts setzen sich Taufen aus Holz, dem heimischen Werkstoff, durch. Ihre Form macht deutlich, dass die Ganztaufe nicht mehr vollzogen wurde. Mit dieser verschwand ein Stück sehr ausdrucksstarker Symbolsprache.

Die Fülle der Einzelheiten ist auch in dieser Kirche kaum zu erfassen. Aber wer bekäme nicht Freude, Details nachzuspüren, wenn man sie erst einmal entdeckt hat? Kirchenbesichtigungen gleichen einer Entdeckungsreise! Daher sollte man auch die Wangen des Kirchengestühls mit den Rosetten und Sonnenrädern nicht übersehen. Eine Bankwange trägt die Jahreszahl 1580.

Der Blick mag schließlich auf zwei Epitaphien fallen. Das Epitaph Broders von 1624, welches nicht mehr vollständig erhalten ist, zeigt die Auferstehung Christi voll dramatischer Bewegung. Am unteren Rand sieht man zwei Herren knien, ehemals noch zwei Kinder sowie vier Frauen in Eiderstedter Tracht.

Aus dem Jahr 1664 stammt das Epitaph Sievertz, das eine Vision des Weltenrichters sowie Stifterporträts und Wappen darstellt. *Das zeitliche muss verschwinden. Das Ewig Gut macht rechten Muth, dabey ich bleib, weg Gut und Leib, Gott helf mir überwinden,* sagt die Inschrift. Zwischen Zeitlichem und Ewigem unterscheiden zu können, ist lebenswichtig. Sonst stünde auch diese Kirche nicht.

Koldenbüttel

St. Leonhard

– gegr. 12. Jahrhundert –

Das Dorf Koldenbüttel bildet nach Osten hin den Abschluss des ehemals kleinsten Kirchenkreises in Schleswig-Holstein. Die Bewohner verstehen sich bewusst als Eiderstedter. Seine Kirche allerdings, dem Heiligen Leonhard geweiht, ist selbst vielen Eiderstedtern unbekannt. Dennoch ist sie, kommt man von Westen, schon von weitem erkennbar, ein weiß gekalkter Bau von guter Proportion. Die ursprünglich dichte Bebauung um die Kirche ist einem großzügig angelegten freien Vorgelände gewichen, welches die Kirche in ganzer Schönheit dem Blick preisgibt. Eine denkmalpflegerische Einmaligkeit ziert das Gelände: ein kleiner Mehrzweckbau aus Klosterformatsteinen errichtet. In seine Südseite hat man den Giebel des alten Diakonats (2. Pfarrhaus) aus dem Jahre 1614 einbezogen. Der baufällige Rest des Diakonats wurde abgerissen. Ursprünglich zeigte jener Giebel nach Norden. Nun erst nimmt ihn das Dorf in seiner Schönheit richtig wahr. Übrigens stellt er einen der wenigen historischen Giebel aus dieser Zeit in der Landschaft dar.

Auf historischen Spuren wandelt man also bereits auf dem Weg zur Kirche. Wenige Meter vor ihrer Südmauer befindet sich das Grab des berühmten Historikers und Chronisten Peter Sax aus dem Jahre 1662. In Sandstein gehauen liest man auf dem Grabstein in schöner Schrift: *Petrus Sax exspectat hic ressurectionem obit an MDCLXII die XXIII April Aetatis LXIV.* (Petrus Sax erwartet hier die Auferstehung. Er starb am 23. April des Jahres 1662, 64 Jahre alt.). Darunter sieht man ein Wappen, in dem übereinander eine Erdkugel mit Meridianen, ein Totenkopf und eine Frauengestalt stehen. Als man 1751 das Grab öffnete, fand man eine Bleiplatte, die folgende lateinische Inschrift trug: *Ad Possorem:*

Improbe, tolle manus, post factu quiescere fas est – in cineres gratum te decet esse meos. Pet. Sax 1662 (Kerl, nimm die Finger weg, nach der Arbeit ist es erlaubt, sich auszuruhen, – es geziehmt sich für dich, dankbar gegen meine Asche zu sein.).
Wenige Schritte von diesem Grab entfernt lehnt an der Südwand der Kirche ein weiterer Zeuge der bedeutenden Grabsteinkultur früherer Jahrhunderte (1592).
Die Besucher*innen sollten nach der Betrachtung dieses Steines einen Rundgang um die Kirche machen, denn es sind etliche baugeschichtliche Umgestaltungen an der Nordwand des Schiffes und des Chores zu entdecken. Die Nordwand des Schiffes ist noch fast ganz aus abgeplatteten Feldsteinen aufgemauert, lediglich mit Ziegeln ausgeflickt. Sie stammt in ihrem östlichen Teil aus romanischer Zeit. Zwischen den beiden westlichen Fenstern ist ein vermauertes spitzbogiges, gotisches Portal deutlich erkennbar. An der Südseite der Kirche ist am Mauerabsatz, etwa in der Mitte der Wand, der Übergang von dem romanischen zum gotischen Bauabschnitt wahrzunehmen. Zweifellos haben wir es bei der Nordwand des Chores mit dem ältesten Teil der Kirche (vor 1250) zu tun. Man beachte den Gesimswinkelfries: An den Ecken ruht er auf Eckpilastern, die die Wand einfassen; unten setzen die Pilaster auf dem hohen Tuffsteinsockel auf. Besondere Beachtung sollte der Glockenstapel im Westen der Kirche finden. Vermutlich geht er auf das Jahr 1461 zurück und wäre damit das älteste erhaltene Glockenhaus in Schleswig-Holstein.
Im Innern erwartet den Besucher eine der schönsten Dorfkirchen Eiderstedts. Faszinierend ist der Orgelprospekt, dessen Mittelteil aus dem Jahre 1758 stammt und die originale Farbgebung trägt. Matthias Schreiber aus Glückstadt erbaute diese Orgel, an der die Gemeinde allerdings wenig Freude hatte. Sie war zu schlecht gebaut. 1830 wurde sie um die beiden Ecktürme und die daneben liegenden flachen Prospektfelder durch die Firma Wohlien/Altona erweitert. Es folgten zahlreiche Erneuerungen. Im Jahre 1974 wurde ein Werk der Fa. Kleuker in den alten Prospekt gesetzt und der Spieltisch nicht mehr auf der Empore, sondern, in größerer Nähe zur Gemeinde, unterhalb der Empore errichtet. Seit dieser

Epitaph Sievertzen, Taufe Jesu, 1550

Zeit gehört die Orgel klanglich zu den besonderen Eiderstedts. Von großer Bedeutung war der 27. Februar 1970. An diesem Tag wurde bei Renovierungsarbeiten der 1845 vergrabene romanische Taufstein (12. Jahrhundert) wiederentdeckt. Möglicherweise stellt er die älteste Eiderstedter Taufe dar. Sein Wert liegt vor allem in der Tatsache, dass dieser Taufstein den Ursprung der christlichen Geschichte Koldenbüttels repräsentiert.

Besonderer Erwähnung bedürfen drei Epitaphien, die den Fa-

Epitaph Jacobs, Grablegung, 1593

milien Claus Petersen (1591), Honne Jacobs (1593) und Friedrich Sievertzen (1559) gewidmet sind. Unter Kennern gilt das Gemälde der Grablegung (Epitaph Honne Jacobs) als bei weitem das beste, ein ganz vom Manierismus geprägtes Bild aus der Hand Marten van Achtens. Man beachte im Hintergrund die Stadt im Stil der italienischen Renaissance.

Nicht weniger beachtenswert ist aber das aus derselben Zeit stammende Kreuzigungsgemälde (Epitaph Petersen/Marten van Achten). Unter dem guten Schächer sehen wir das Stifterpaar mit hohem schwarzem Futterkragen. Das dritte Epitaph stellt im Mittelbild die Taufe Christ dar, flankiert von den beiden Tugenden Caritas (Liebe) und Spes (Hoffnung). Es verdient darum besondere Beachtung, weil es vermutlich bereits wenige Jahre nach Luthers Tod eine Darstellung von ihm und seinem Freund Philipp Melanchthon zeigt, einmalig in Eiderstedt (restauriert 1988). Unter dem Porträt von Martin Luther ist Pastor Busenius (gest. 1570) dargestellt. Er war gebürtiger Koldenbüttler und lebte später in Brabant. Es ist das einzige Pastorenbild in dieser Kirche.

Nicht zu übersehen ist natürlich die Kanzel. Sie ist in demselben Jahr entstanden wie die Witzworter Kanzel (1583) und trägt ebenso wie jene Wappen und Namen Caspar Hoyers, des berühmtesten Eiderstedter Stallers. Die Kanzelfelder zeigen: Isaaks Opferung (1. Mose 22), die Ankündigung der Geburt Jesu (Lukas 1) mit sehr reizvoller Darstellung eines Renaissancehauses, die Kreuzigung und die Auferstehung. Besondere Aufmerksamkeit sollten die ungewöhnlichen Löwen- und Teufelsmasken an den Säulenpostamenten finden. Der Kanzeldeckel mit sehr fein gearbeiteten Reliefs wurde im 17. Jahrhundert hinzugefügt.

Von bemerkenswerter Qualität sind die auf den Rückseiten der Altarflügel und den Doppelflügeln erhaltenen Gemälde von 1630. Sind die Seitenflügel des Schnitzaltares geschlossen, ergibt sich mit den offenstehenden zweiten Seitenflügeln folgende Bildfolge: oben von links nach rechts Gethsemane, Gefangennahme Jesu, Christus vor Herodes, Geißelung; unten von links nach rechts Christus vor Pilatus, Golgatha und Würflerszene, Grablegung, Auferstehung. *Stilistisch stellen die Gemälde eine eigenartige Abwandlung des Manierismus dar, die in der Komposition an die*

Kanzel (1583) und Triumphkreuzgruppe (16. Jh.)

Gotik anknüpft und in den Phantasietrachten der Federhüte, Pelerinen, Turbane etc. eigentümlich romantisch wirkt. Stiche des Hendrick Goltzius von 1596/1598 nach Lucas v. Leydens Passion (1521) dienten als Vorbild. (Lit. 5). Der spätgotische Schnitzaltar wurde 1970 von seiner neugotischen Farbgebung befreit und ist nun in seiner Schlichtheit von beeindruckender Wirkung.
Für die Gemeinde zurückgewonnen werden konnte das als Leihgabe einst fortgegebene Predella-Gemälde des Altars. Es wurde 1987 restauriert und zeigt Darstellungen der Taufe Jesu und des Heiligen Abendmahles. Die beiden Bilder rahmen das Bild eines Kelches mit Patene in gotischer Art, worunter zu lesen ist: *Ano 1631 haben die achtbare und vornehme Hemmingh Volquerts lehnsman undt Hans Holst buwmeister Dieß altar zur Ehre Gottes auß ihren gusten renovieren lassen. Didrich Wittmg pinxit. Husum.*
Von unschätzbarem Gewinn für die Aussagekraft des Raumes ist die erneute Installation der Kreuzgruppe (1994), vermutlich um 1510 entstanden. Was mag die Gemeinde vor Jahrzehnten bewogen haben, die zentrale und zentrierende Aussage des Raumes zu eliminieren und dem städtischen Museum in Flensburg als Leihgabe zu überlassen? Der Zeitgeschmack treibt bisweilen recht un-

Klappaltar (Schnitz- und Gemäldealtar)

evangelische Blüten! Glücklicherweise blieben der Kirche Kron- und Wandleuchter aus dem Jahr 1873 erhalten. Bestände des 19. Jahrhunderts waren bekanntlich in jüngster Zeit sehr gefährdet. Und eine letzte historische Reminiszenz: Diese Kirche wurde einst über einer heidnischen Quelle erbaut. Gottlosigkeit überwinden zu helfen, dazu ist sie auch heute berufen!

KOTZENBÜLL

St. Nikolai

– gegr. 1488, davor 1365 –

Die Unvollendete möchte man sie nennen, die gotische Kathedrale, die auf einer besonders hohen, von einem Wassergraben umzogenen und einer von Bäumen umstandenen Warft liegt. Im Sommer guckt von ferne nur die Turmspitze heraus, versteckt sich die Kirche hinter den Baumwipfeln. Kirche und Umgebung – zusammen mit dem reetgedeckten Küsterhaus sowie dem ehemaligen Compastorat von 1773 – bilden eine der letzten Idyllen Eiderstedts.

Warum die „Unvollendete“? Nur Chorraum, Querschiff und ein Drittel des Kirchenschiffes wurden einst gebaut, zwei Drittel des Kirchenschiffes fehlen, stattdessen schließt sich der Turm an. Dabei vermisst man an ihr nichts, sie ist auch so unvollendet schön. Wie wäre sie, wäre sie vollendet worden?

Wir wissen seltsam gut Bescheid über den Bau selbst. 1365 wird er zuerst bezeugt. Von dieser Kirche hat sich, wenn auch stark verändert, der Turm erhalten. *Allein die Errichtung eines stattlichen Westturmes aus Backstein im mittelalterlichen Klosterformat weist darauf hin, dass bereits im 14. Jahrhundert St. Nikolai wohl eine Pfarrkirche von Bedeutung war, ungeachtet der relativ geringen Größe des Kirchspiels. (Lit. 6).* Das alte Kirchenschiff und der Chor wurden 1488 abgebrochen. Die Grundsteinlegung der neuen Kirche erfolgte am 1. Mai 1488. Sogar der Landesherr Herzog Friedrich ließ sich auf der Baustelle sehen. Er mag den Bau unterstützt haben, wohl auch der Staller Tete Fedderkens, vor allem aber sein Sohn und Nachfolger im Stalleramt Boye Tetens. Ihn dürfen wir wohl als den eigentlichen Bauherrn der Kirche ansehen.

Am 6. Juli 1495 wurde die Kirche eingeweiht. *In der für spätmittelalterliche Verhältnisse erstaunlich kurzen Zeit von acht Jahren*

Rekonstruktionsversuch des spätgotischen Kirchenraumes (Claudia Beutling)

entstand eine der größten Kirchen Eiderstedts und zugleich der nach dem 1807 erfolgten Abbruch der alten St. Marienkirche in Husum bedeutendste spätgotische Backsteinbau an der schleswig-holsteinischen Westküste. (Lit. 6).

Schon die Grundrissanlage weist eindeutig auf niederländische Baukunst hin. Es scheint, dass sogar eine Gruppe erfahrener niederländischer Bauhandwerker für dieses ungewöhnlich anspruchsvolle Bauvorhaben tätig war. Jedenfalls ist *im spätmittelalterlichen Kirchenbau des Landes Kotzenbüll das greifbarste Beispiel unmittelbaren niederländischen Einflusses. (Lit. 6).* Allein die lichte Weite des Raumes ist mit 10,40m größer als die aller anderen Kirchen der Westküste; der ganze Raum war mit einem hölzernen spitzbogigen Tonnengewölbe überspannt. Diese

Kirchentür, 1495

Raumform dürfte im damaligen Kirchbau Schleswig-Holsteins einmalig gewesen sein.

Zur Einweihung erschien Bischof Eggert Dürkop aus Schleswig und weihte zugleich fünf Altäre. Was muss das für ein Anblick gewesen sein! Leider stürzte die gewölbte Pracht spätestens 150 Jahre danach wieder ein, zu groß war die Spannweite des Gewölbes. Daher erhielt der Raum die heutige Balkendecke. Bis 1859 allerdings waren noch erhebliche Reste des Gewölbes im Dachstuhl oberhalb des Unterzuges sichtbar, jedoch nach Ansicht von Architekten nicht mehr wiederherstellbar.

Altar, 1506

Die Spuren der neuen Zeit bleiben unverkennbar, dennoch dominieren die Eingriffe aus neugotischer Zeit nicht. Schon die Portale zeigen Reste der spätgotischen Baukunst. In die Ecken der spitzbogigen Laibung sind teilweise spätgotische, gedrehte Säulen mit Schaftringen und sechseckigen Maßwerkkapitellen eingestellt. Die Türen im Norden und Süden mit ihrem spätgotischen Faltwerk sind nach neuesten Untersuchungen im Wesentlichen Originale. Sie stellen damit die ältesten erhaltenen Kirchentüren Schleswig-Holsteins dar, von einzigartigem Rang in der Kunstgeschichte Schleswig-Holsteins. Wer das Kirchenschiff betritt, wird von seiner Geräumigkeit beeindruckt sein: eine typische spätgotische Anlage, die einen einheitlichen Predigt- und Gemeinderaum schaffen wollte.

Prunkstück der Kirche bleibt der herrliche, spätgotische Schnitzaltar (1506) mit barocker Rahmung (1752). Er ist ohne Zweifel der künstlerisch wertvollste unter den Altären Eiderstedts und gehört *zu den Spitzenleistungen spätgotischer Plastik an der Westküste*. Nirgends ist z.B. das gotische Maßwerk so prächtig gestaltet wie hier. Im Mittelschrein erkennen wir im Vordergrund links die Mariengruppe, rechts die Würflerszene, in der Mitte die Annagelung an das Kreuz und den Titulusschreiber, rechts oben im Hintergrund die drei Marien am Grabe, links oben Kreuztragung und Veronika mit dem Schweißtuch, alles überragend aber die drei Kreuze. Die Seitenflügel zeigen links: Christus vor Pilatus und Dornenkrönung, rechts: Grablegung und Auferstehung. Der thematische Aufbau hat sehr große Ähnlichkeit mit dem Altar in Witzwort, nur ist dessen inhaltliche Aussage noch bemerkenswerter. Der Altaraufbau, in den das Mittelfeld hineinragt, zeigt zwei Schnitzreliefs von absoluter Einmaligkeit in Eiderstedt: die Marienkrönung (links) und die Madonna mit Kind. Im gegenwärtigen Zustand – der Altar wurde 1980 farblich neu gefasst – vermag der Betrachter wieder etwas zu ahnen von dem Glanz, den er ursprünglich besaß. Beim Betrachten des Altars fällt der Blick unwillkürlich auf die sehr gut erhaltenen und mit schönen Vogelmotiven versehenen barocken Abendmahlsbänke (1752). Sie entstammten dem gleichen Jahr wie der prächtige Kronleuchter, eine kostbare Messingarbeit.

Seitlich des Altars steht der Taufstein aus dem 15. Jahrhundert. Dieser wurde aus der früheren Kirche als einziges Inventarstück übernommen und kam *als Import aus Namur in Belgien wohl noch vor 1300 nach Kotzenbüll. Gotische Steintaufen aus dem blaugrauen Namurer Kalkstein, dem sog. Blaustein, finden wir in vielen Kirchen der Westküste. Sie sind nach einem festen Schema kelchförmig auf Achteckgrundriß mit schwach ausgebildetem Sockel, kurzem Schaft und weit ausladender, profilierter Kuppa gebildet. Aus dem Gesims der Kuppa sprangen als Symbole für die vier Paradiesflüsse menschliche Köpfe hervor.* (*Lit. 6*).

Kanzelfeld, Taufe Jesu

Die Kanzel, 1989 an die Nordostwand versetzt und mit einer neuen Treppe versehen, ist als einzige der Eiderstedter Kanzeln nicht zu datieren; sie ist der Kanzel in Witzwort sehr ähnlich, doch nicht von deren künstlerischem Rang. Die Re-

lieffelder zeigen: Taufe (mit römischer Kapelle!), die eherne Schlange, Kreuzigung, Auferstehung. Die Inschriften lauten: *Dar. holde. vns. yderman. nehmlick. vor. Christi Deners. vnd. Hvsholders. aver. Gades. Hemelicheit. I. Corint. 4* (Dafür halte uns jedermann, für Christi Diener und Haushalter über Gottes Geheimnisse.) und (unten) *Non. pudet. me. Evangely. Christi Potencia. Siquidem. est. dei. ad. Salvtem. omni. credenti. Rome I, 16* (Ich schäme mich des Evangeliums von Christus nicht, denn es ist eine Kraft Gottes, die da selig macht alle, die daran glauben.).
Im zweiten Feld der Kanzel befindet sich das Wappen des Eiderstedter Stallers Sivert Sivertsen und seiner Ehefrau Margarethe. Der sechsseitige Schalldeckel (1990 restauriert) trägt die Inschrift: *An welkerem Orde ick mines Namens Gedechtnisse stiften werde. Dar wil ick to di kamen vnde die segenen.* (An jedem Ort, wo ich meines Namens gedenken lasse, da will ich zu dir kommen und dich segnen. 2. Mose 20, 24). Die späteren Aufsätze zeigen Wappenschilde, von Löwen gehalten, und enthalten Allegorien (Tod, Glaube, Macht, Friede, Stärke), wahrscheinlich aus dem Jahr 1789.

Die prachtvolle Triumphkreuzgruppe (um 1500) beherrscht seit der Renovierung der Kirche im Jahre 1968 wieder den Eingang zum Altarraum. Mit großem Geschick wurde aus den Resten eines ehemaligen Lettnergitters ein neues Chorgitter erbaut, welches nun jene Kreuzgruppe trägt, die wegen ihrer stark stilisierten Figuren zu den eindrucksvollsten Gruppen unserer Landschaft zählt. Das übergroße Kreuz (5,07 m) ist an den Enden von sternförmig gerahmten Evangelisten-Symbolen eingefasst.

Zeichen der einst noch reicheren spätgotischen Ausstattung sind das fünfsitzige Chorgestühl, ein alter Pastoren- oder Beichtstuhl mit Faltwerkfüllungen aus der Zeit um 1500 sowie ein Sängerpult, eine Rarität in Schleswig-Holstein. Sänger umstanden früher in zwei Halbkreisen das Pult, die großen Notenblätter vor sich, und führten die Gesänge der Messfeier aus. Die kreisrunde Öffnung im oberen Teil des Pultes diente der Aufnahme der Notenrollen.

Auch mit dieser Kirche verbindet sich greifbar ein Stück Familiengeschichte des Dorfes. Die beiden Epithaphien an der Westwand des Querschiffes erinnern an Frau Hans Volquards (Moder Han-

Reste des Chorgestühls, 1500

sen, 1596) und an Rat- und Lehnsmann Hans Folkers (1588), der in dieser Kirche begraben wurde. Auferstehung und Kreuzigung Jesu bestimmten die Bilder thematisch. Kulturgeschichtlich interessant sind die eigentümlichen Trachten der Landsknechte und die Trachten der Stifterin bzw. des knienden Stifters. Beide Bilder sind Arbeiten aus der Werkstatt des gottorfschen Hofmalers Marten van Achten.

Deutlichstes Zeichen der durchgreifenden Renovierung des 19. Jahrhunderts mit der Beseitigung wertvoller spätgotischer Details ist der von Architekt Holm aus Rendsburg in den Jahren 1858/59 gestaltete Orgelprospekt. In diesem sind umfangreiche Reste der spätgotischen geschnitzten Ausstattung von hoher Qualität und Eigenart erhalten, wenn auch teilweise entstellt.

Allerdings bietet *das nach wie vor umfangreiche Pfeifenmaterial der Hauptorgel aus Spätgotik oder Renaissance eine besondere Herausforderung. In Kotzenbüll könnte die vermutlich einzige Orgel wieder erstehen, in der sich barocke Klangtraditionen in einem Gewand des norddeutschen mittleren 16. Jahrhunderts erleben lassen. Damit hat die Orgel auch noch in ihrem heutigen Bestand eine weit überregionale, wenn nicht gar internationale Bedeutung.* (Prof. Dr. Konrad Küster, Universität Freiburg). Als Ersatz für die derzeit nicht spielbare Hauptorgel und zugleich als Bereicherung des vielfältigen kirchenmusikalischen Geschehens dient das Orgelpositiv im südlichen Querschiff, ursprünglich als Interimsinstrument für den im Zweiten Weltkrieg zerstörten Lübecker Dom erbaut.

Kotzenbüll birgt übrigens noch eine besondere historische Reminiszenz: eine alte Ritterrüstung (barocker Kürass mit Sturmhaube). Sie wird dem schwedischen General Steenbock zugeschrieben. Dieser lebte von 1664–1717 und belagerte Tönning und die umliegenden Ortschaften, die damals schweren Blutzoll zahlen mussten. Von 300 Kotzenbüller Einwohnern starben im Jahr 1713 132 Gemeindeglieder, darunter drei Pastoren. Schon damals läutete in Kotzenbüll in Krieg und Frieden eine der ältesten Glocken Eiderstedts, die 1467 gegossene, noch heute mit der Hand geläutete Glocke mit dem Namen *Maria*. Sie begrüßte schon Bischöfe, Fürsten und Könige in Kotzenbüll. Ihre Inschrift lautet: *Maria bin ik gheheten dat Kerspel to Kotsenbul let mit ghete. O Rex Glorie Christe veni cum Pace Sanctus Nicolaus. Anno Dni – mccccIxvll defunctos plango vivos Voco fulgura Frango. Vox mea vox Vite. Voco vos ad Sacra Venite. Hermen Klinghe mi ghe ghoten hat, Got gheve siner Sele rad.* (Maria bin ich geheißen, das Kirchenspiel Kotzenbüll ließ mich gießen. O König der Herrlichkeit, Christus, komm mit Frieden. St. Nicolaus. Im Jahre des Herrn 1467. Ich beklage die Toten, ich rufe die Lebenden, ich zerbreche Blitze. Meine Stimme ist die Stimme des Lebens. Ich rufe euch: Kommt zum Heiligtum. Hermen Klinghe hat mich gegossen. Gott gebe seiner Seele Ruh.). Auch heute folgen Menschen ihrem Ruf. Es geht schließlich zu allen Zeiten um die Bewahrung unseres Lebens und den Frieden Gottes, der höher ist als alle Vernunft (Philipper 4, 7).

Oldenswort

St. Pankratius

– gegr. 1245 –

Der Dom – so nennen manche Eiderstedter die mächtige Kirche des größten Eiderstedter Dorfes. Sie ist dem Heiligen Pankratius geweiht. Auf der großen Kirchwarft breitet sie sich aus, beherrschend im Dorfbild und von weither an ihrem Turm erkennbar.

Die *Eiderstedter Chronik* weiß zu berichten, dass der Dänenkönig Abel im Krieg gegen die Friesen sein Zelt in der Nähe der hölzernen Kapelle von Oldenswort aufschlug und die Kapelle niederbrannte (wohl 1252). Fest steht, dass ursprünglich eine hölzerne Kapelle südlich von Hoyerswort stand. Noch heute ist die alte Kirchwarft zu sehen. In vielen Gemeinden Eiderstedts sind hölzerne Kapellen die Vorläufer der jetzigen Kirchen gewesen. Darauf deuten Funde und alte, noch heute gebräuchliche Flurbezeichnungen hin. Meist lagen die Kapellen ein wenig außerhalb der heutigen Ortschaften. Im Jahre 1245 wurde mit dem Bau einer Kirche im Ort begonnen. Aus den folgenden Jahrzehnten sind deutliche Spuren zu erkennen. Die Nordwand mit dem romanischen Tuffsteinfries reicht deutlich in das 13. Jahrhundert zurück, vermutlich auch die Anlage des Querschiffes.

Im Jahre 1415 vergriffen sich die Dithmarscher am Gotteshaus und legten einen Brand. Sie machten in der Kirche eine ungeheure Beute an Geld, Geschmeide und Kleidern.

Die Oldensworter weihten nach dieser maßlosen Schändung ihr Gotteshaus 1416 neu. Danach begann es sich sehr schnell zu der heutigen Pracht zu entwickeln, einer Pracht, die die im Volksmund geläufige Bezeichnung »Dom« verständlich macht. Im Jahre 1465 erfolgte ein umfassender Umbau. Vermutlich erhielt die Kirche damals den großen gotischen Chorraum. Vollendet wurde die jetzige Anlage durch die Errichtung des Dachreiters 1488 und des

massiven Westturmes 1495, der in jüngster Zeit baulich saniert wurde und dessen Helmgestaltung dem 19. Jahrhundert entstammt. Ist das äußere Erscheinungsbild für eine Dorfkirche bemerkenswert, so erst recht das Innere. Wer eintritt, möge sich niedersetzen und den Raum auf sich wirken lassen. Es ist nicht die Kamera, die das Geheimnis des Raumes erfassen kann, sondern nur das innere und äußere Auge des Menschen. Verweilen, rasten, Einkehr halten, still werden ist allemal mehr als geschäftiges Umhereilen und das Reproduzieren oder Aneignen historischen Wissens, so sehr gerade dieses auch hilft, die Geschichte lebendig werden zu lassen.
In die früheste Zeit der Ausstattung zurück reicht der Stipes des Altars, dessen Frontale nach fotografischen Vorlagen 1980 rekonstruiert wurde. Es stellt offenbar eine von gotischen Blumen umrahmte Grabhöhle dar als Symbol der Auferstehung Christi. Eine gleichermaßen interessant gestaltete Altarmensa weist Eiderstedt nicht auf. Die Abendmahlsbänke zur Seite der Altarstufen sind eine Stifung aus dem Jahr 1688. Die 1989 freigelegten Inschriften lauten: *Christi sis providus hospes* (Sei ein guter Gast Christi); *Mirari, non rimari sapientia vera est* (Staunen, nicht Ergründen ist die wahre Weisheit). Seit 1983 tut sich glücklicherweise wieder die ganze gotische Pracht des Chorraumes auf, dessen Ausmalung in die Zeit um 1500 fällt. Nach den Freilegungsarbeiten an Wänden und Gewölben lässt der Chorraum viel von seiner ursprünglichen Farbigkeit erkennen. Die Kalkmalereien sind nicht nur in der Landschaft Eiderstedt einzigartig, sondern weit über ihre Grenzen hinaus und stellen eine wesentliche Bereicherung der schleswig-holsteinischen Kunstlandschaft dar. Wenngleich nicht der gesamte Bildbestand über die Jahrhunderte gerettet werden konnte, so doch der wesentliche Teil. In vier Rundmedaillons sind die Evangelistensymbole abgebildet: Mensch mit gekreuzter Stola (Matthäus), Löwe (Markus), Stier (Lukas), Adler (Johannes). Die Evangelistensymbole zeigen noch andeutend romanische Gebundenheit, die Ranken hingegen deutlich gotischen Einfluss. Dabei ist bemerkenswert, dass Blumen gemalt wurden, die der Phantasie entsprungen sind. Das Paradies ist eben von nicht auszudenkender, ganz anderer

Maria und Johannes, der Lieblingsjünger, 1491

Schönheit als alle irdisch geschaute Pracht. Der Chorraum ist als Abbild des Himmels zu verstehen, der wundervoll bemalte Chorbogen als Tor zum Himmel. Diesen aber zieren nicht nur die Namen der Evangelisten. Über dem Altar befinden bzw. befanden sich in fünf Medaillons: zentral Christus Pantokrator, links davon Maria und Petrus, rechts davon ursprünglich Johannes der Täufer und aller Wahrscheinlichkeit nach Paulus.
In die gotische Erstausstattung hinein reicht die lebensgroße Triumphkreuzgruppe, die 1491 von Lütje Möller aus Schleswig gefertigt wurde. Auffällig an ihr ist das aufwendig gestaltete Kreuz, der realistische Ausdruck und die feierliche Strenge.
Seit 1992 hat sie wieder ihren ursprünglichen Platz über dem Chorgitter (ca. 1600) gefunden, nachdem sie im vorigen Jahrhundert bei einer tiefgreifenden Umgestaltung des Raumes auf die Nordseite des Schiffes geraten war.
Unglückliche Umstände wirkten sich als glückliche Fügung für die Raumgestaltung aus. Schwerer Schwammbefall machte es nötig, die in der Mitte des 19. Jahrhunderts eingezogene Kassettendecke zu entfernen. Der Raum gewann an Höhe. Die romanischen Fenster der Nordseite konnten geöffnet werden. Ein lang gehegter Wunsch ging in Erfüllung, dem Kircheninnern etwas von seiner einstigen großzügigen Wirkung zurückzugeben! Chorraum und Triumphkreuzgruppe bilden nunmehr wieder eine kompositorische Einheit. Es war schon immer ein grundsätzlicher Fehler, den Gekreuzigten aus dem direkten Blickfeld der Gemeinde zu nehmen und ihn auf die Seite zu bringen. Hauptsachen dürfen nicht zu Nebensachen werden!
Neben den deutlichen Spuren aus romanischer und gotischer Zeit

bietet der Kirchenraum eine herrlich einheitliche, prachtvolle und in sich geschlossene Renaissanceausstattung, wie sie in Eiderstedt einmalig ist. Dies verwundert nicht, stand und steht nahe Oldenswort doch noch heute das Haus der berühmten Stallers, Caspar Hoyer, der für die kulturelle Entwicklung Eiderstedts eine gewichtige Rolle spielte. Auf ihn weist deutlich eine Inschrift in der Predella des Altars: *Dies Gemehlte, des heiligen Abentmahls, und Leidens, unseres Herrn Jesu Christi Hath Caspar Hoyer Fürstlicher Holsteinischer Rath, und Staller in Eiderstede und seine Eheliche Hausfrawe, Anne Wulffs verfertigen lassen, Diesem Gotteshaus zur gedechtnus verehret und zugeeignet. Am Tag des Ertzengels Michaelis (erg.: 29. 9.) im Jahr der Menschwerdung*

Altar, 1592

Christi 1592. Seitlich sind dazu die Wappen Caspar Hoyers (rechts) und seiner Ehefrau (links) angebracht.
Der Gemäldeflügelaltar aus dem Jahre 1592 ist eindeutig Marten van Achten zuzuschreiben. Er ist das vornehmste Beispiel einer Reihe ganz ähnlicher Altäre (Katharinenheerd, Poppenbüll, Welt), die aus der Tönninger Werkstatt des aus den Niederlanden nach Eiderstedt immigrierten Malers stammen. Er vertrat, in Eiderstedt führend, den damals herrschenden Stil des Manierismus. Das Mittelbild des Altars zeigt das Abendmahl, die Seitenflügel Geißelung und Dornenkrönung.
Auf den Außenseiten der Flügel sind die Einsetzungsworte zum Heiligen Abendmahl in deutscher und lateinischer Sprache festgehalten. Man beachte die reiche Gestaltung der beiden Säulen mit Engelköpfen, Storch, Früchten sowie Allegorien von Venus und Mars. Die obere Rahmung der Mitteltafel besteht aus Worten des 1. Korinther-Briefes: *Der gesegnete Kelch, welchen wir segnen, ist der nicht die Gemeinschaft des Bluts Christi? Das Brot, das wir brechen, ist das nicht die Gemeinschaft des Leibs Christi?*
Der Aufsatz über der Mitteltafel, die Ädikula, zeigt ein Gemälde der Kreuzigung Jesu. Maria Magdalena umfasst liebevoll den Kreuzesstamm! Der Reformator Joh. Bugenhagen, dem Schleswig-Holstein seine erste Kirchenordnung verdankt, hat bemerkt: *Christus liebhaben ist besser als alles Wissen.*
Prachtvoll ergänzt wird die Ausstattung des Altarraumes durch das Iversche Gestühl von 1589. Im Gebälk der rückwärtigen Täfelung über den vier Sitzen gibt die Inschrift Aufschluss über den Stifter: *Ode Ivers und suster smedes Graffsted eren leven Oldern und vorwanten tho schuldiger gedechtnisse Vorferdigen Laten Van den Erbarnn Junge Ivern und Wage Ivers. Anno christi MDLXXXIX.*
Bemerkenswert sind die schön geschnitzten Figurenpaare an den unteren Schäften der Korinthischen Säulen, die Ständevertreter, Fürstenpaar, Bürgerpaar etc. darstellen. Die Reliefs der Felder der Rückwand zeigen vier Tugenden: Pietas, Caritas, Fides, Justitia (Frömmigkeit, Liebe, Glaube, Gerechtigkeit). Den vier Tugenden auf der Rückwand entsprechen die Reliefs der Brüstungswand, die allegorische Figuren zeigen wie z.B. Mars und Venus (Mars mit Schwert und Fackel; Venus, die ein Herz isst). Das Studium

dieses Chorgestühls sei besonders empfohlen. Eiderstedt besitzt sonst kein Chorgestühl der Renaissance, das bemerkenswert wäre. Dennoch sollte man das ihm gegenüber befindliche, wesentlich schlichtere Renaissancegestühl nicht unbeachtet lassen.

Es ist schier unglaublich, in welch kurzer zeitlicher Abfolge die Kunstschätze dieser Kirche gefertigt wurden: Zwischen 1564 und 1592 entstanden fast alle Inventarien der St. Pankratius-Kirche. Gotische Tradition verrät die Sandsteintaufe von 1564 mit ihren Inschriften: *Casparus Hackrodt hus Ecclea Pastor« und »1564 de Dope is ein hillich Vorbundt twischen Gade und uns. I. Pet. 3.* (Casparus Hackrodt, Pastor dieser Kirche. 1564. Die Taufe ist ein heiliger Bund zwischen Gott und uns. 1. Petr. 3). Sie ist die älteste nachreformatorische Steintaufe Schleswig-Holsteins und zweifellos westfälischer Herkunft. Sollte der Taufdeckel noch gotischen Ursprungs sein, wäre er einer der ältesten in Schleswig-Holstein.

Kanzelfeld, Darstellung der Schöpfung, 1570–1580

Um 1570–1580 entsteht die Kanzel. Sie weicht sichtlich vom Eiderstedter Typ ab. Ihre Relieffelder zeigen die Erschaffung der Eva (dazu die vier Winde sowie Sonne, Mond und Sterne), die Kreuzigung, die Auferstehung sowie von Engeln gehaltene Wappen. Die Kanzeltreppe ist verbunden mit der Brüstung eines Kastengestühls, das in Rundbogenfeldern Malereien des segnenden Christus, der vier

Evangelisten und des Petrus zeigt. Die Zusammengehörigkeit von Gestühl und Kanzel wird durch die Inschriften belegt. Die Anfänge zu den Bibelworten am Kanzelkorb finden sich auf der Brüstungswand des Kastengestühls. Die Worte lauten: *Ich scheme mi de Evangly van Christo nicht, wente ist is eine ... It is eine Kraft Godes de daer salich maket alle de dar angeloue ande Rom. 1.* (Ich schäme mich des Evangeliums von Christus nicht, denn es ist eine Kraft Gottes, die da selig macht alle, die daran glauben.) und *Ghat hen in de gantze Werlt und lere alle Volkcer ... und doptse im Namen des Vaders und des Sons und des Heiligen Geistes.* (Gehet in die ganze Welt und lehret alle Völker ... und tauft sie im Namen des Vaters und des Sohnes und des Heiligen Geistes. Matthäus 28, 20).

Den Malereien des Kastengestühls verwandt sind die der Orgel-Empore, welche Figuren der Apostel zeigen. Zwei Bilder gingen verloren, als man 1592 das Rückpositiv der Orgel einfügte. Dieses stellt den Rest eines offenbar ursprünglich sehr imposanten Orgelwerkes dar, von dem gesagt wird, es sei das beste in Eiderstedt gewesen. Das Hauptwerk der Orgel entstammte wie das Gardinger dem Jahre 1512. Der heutige Hauptwerksprospekt geht auf das Jahr 1862 zurück (Orgelbaumeister Färber, Tönning). Damals verlegte man das Instrument samt Empore auf die Westseite. Die Nordempore war im Allgemeinen der originale Platz für die Errichtung der Orgel. Sie stand mehr oder weniger im Angesicht der Gemeinde und nicht in ihrem Rücken. Somit hatte die Kirchenmusik im Gottesdienst den gleichen Stellenwert wie das Wort, das von der Kanzel gepredigt wurde.

Seine Abrundung erfährt das »Bilderbuch der Renaissance«, wie man den Innenraum von St. Pankratius bezeichnen könnte, durch einige Porträtgemälde und drei bemerkenswerte Epitaphien. Die Porträts zeigen in zwei Gegenstücken von hervorragender Qualität einen Herrn und eine Dame (Augustin Hans 1539–1598 und Wibe Hans Jacobs, Ehefrau des Augustin Hans). Die Bilder entstanden 1595. Beachtenswert ist der Schmuck: Ringe, doppelte Goldkette, an der ein Medaillon mit Kreuzeszeichen und Umschrift *in hoc sogno vinces* hängt. Ein weiteres Damenbildnis (1640) zeigt Catharine Daniels, Tochter des Daniel Augustin (1606–1678), eines

Enkels von Augustin Hans. Die Porträts von Martin Luther (gemalt nach einem Porträt von Lukas Cranach) und Philipp Melanchthon sind um 1600 entstanden.

Die Epitaphien erinnern an die Familien Dirckes (1591), Poppens (1610), und Schnel (1636). Das Epitaph Dirckes zeigt unter der Darstellung der Himmelfahrt Christi die Stifterfamilie, drei kleine Knaben und den Stifter, ihnen gegenüber die Mutter in Eiderstedter Tracht mit Flügelhaube. Gerade dieser Darstellung wegen hat das Epitaph in jüngster Zeit besondere Beachtung gefunden. Den Darstellungen auf den Epitaphien nachgearbeitet sind die Trachten, die heute bei besonderen Anlässen vereinzelt getragen werden.

Epitaph Poppens, Grablegung, 1610

Das Epitaph Poppens mit seinem reichen Renaissancerahmen, der dem Kunsthandwerker Heinrich Ringerink zugeschrieben wird, enthält zwei Gemälde aus der Werkstatt der Gebrüder van Achten: im Hauptfeld die Grablegung, im Ädikulafeld die Auferstehung, gekrönt von einer Mutter Gottes. Die Inschrift unter dem Hauptgemälde lautet: *De Dot it vorslunge in der Auerwinnige, Dodt wor is din Spedt, Helle wor is din Auerwinnige. Gade sy Danck de uns de Auerwinnige gegeue hefft durch Jesum Christ.* (Der Tod ist verschlungen in den Sieg, Tod wo ist dein Stachel, Hölle wo ist dein Sieg? Gott sei Dank, der uns den Sieg gegeben hat durch Jesus Christus. 1. Korinther 15, 55ff). Im reichgestalteten Unterschwung befindet sich eine ovale Schrifttafel mit den Lebensdaten des Sivert Poppens in plattdeutscher Sprache.

Das Epitaph Schnel zeigt bereits einen frühbarocken Aufbau. Dargestellt ist im Hauptfeld die *Aufrichtung der Ehernen Schlange* (4. Mose 21). Als Unterschrift finden wir das Wort: *Roep my an in der Nodt so wil ick dy redden, so schaltu my prisen.* (Rufe mich an in der Not, so will ich dich retten, so sollst du mich preisen. Psalm 50, 16), als Inschrift im Gebälk Worte aus dem 3. Kapitel des Johannes-Evangeliums: *Geleck also Moses in der Wostenye eine Schlange verhoget hefft, also moth des Minschen sone verhoget werden, ob dat alle, de an en gelouen, nicht vorlahrenn werden, sondern dat ewige Levende hebben.* (Und wie Moses in der Wüste die Schlange erhöht hat, so muss der Menschen Sohn erhöht werden, auf dass alle, die an ihn glauben, nicht verloren werden, sondern das ewige Leben haben.). Im Unterschwung des Epitaphs findet man Hinweise auf die Person des H. Joh. Schnell, der 37 Jahre lang als Prediger an dieser Kirche wirkte und am 15. April 1635 auf dem Weg zur Kanzel starb.

Als moderner Gegensatz und doch als Ergänzung zu verstehen sind zwei Werke der Künstlerin Sigrid Nolte Schefold, die die Kirchengemeinde 2020 erwarb. Sie hängen an der Südwand (Grundfarbe blau) sowie neben dem Altar (Grundfarbe dunkelrot). Unter dem Titel *Denk(T)Räume* I und II laden sie ein zum Träumen und eröffnen dabei spirituelle Räume.

Welche Schätze diese herrliche Kirche noch barg, mag man dem dänischen Atlas entnehmen, der von dem Bild (Geburt Christi?) eines nicht mehr erhaltenen Epitaphs (Epitaph Lorenz Mumsen, 1592?) sagte, es sei *über die Maßen vortrefflich gemalt, wofür die Kenner die höchsten Preise boten (Lit. 5)*. An die vielen Gaben, die die Gemeinde einst und heute zum Erhalt und zur Zierde des Gotteshauses aufbrachte, kann die noch spätgotische Opfertruhe im Turmraum symbolisch erinnern.

Wer die Blüte Eiderstedter Geschichte und Kultur erleben will, darf an der Oldensworter Kirche nicht vorbeigehen. Keine andere Zeit hat jemals in Eiderstedt wieder Gott zu Ehren solche Kunst entfaltet wie die Zeit, die mit dem Namen Caspar Hoyer verbunden ist. Übrigens ist dessen Herrenhaus (1591–1595) nahe Ol-

denswort einer der schönsten und besterhaltenen Renaissancebauten im Land. An die Geschichte von Hoyerswort erinnert zudem der herrliche Kronleuchter aus dem Jahre 1685. Seine Inschrift lautet: *CHRISTIAN. ANTON CRAMER 1685 Herr zu Hoyerswort.* Ein weiterer Kronleuchter entstammt der Wende vom 19. zum 20. Jh.
Dankbar wird man den »Dom« verlassen, dankbar für die Gaben, die Gott den Menschen gab, um ihn damit zu preisen. Aus dieser Dankbarkeit erwuchs auch das kleine, aber sehr feinfühlig gearbeitete Kruzifix mit den Evangelistensymbolen, das im Altarraum hängt (um 1500).
Die Inschrift auf der im Vorraum abgestellten Glocke von 1548 (Gießer Gerardus a Mervelt) erinnert an das, was bleibt: *Verbum Domini manet in Eternvm* – Gottes Wort bleibt in Ewigkeit.

St. Peter-Ording

St. Nicolai

– gegr. 1724 –

Kirche auf Wanderschaft – so könnte man die St. Nicolai-Kirche im Ortsteil Ording nennen. Denn dreimal musste sie wegen Landabbruchs und vordringender Dünen neu errichtet werden. Im Jahre 1724 wurde die Kirche an der jetzigen Stelle erbaut. Sie ist die kleinste in Eiderstedt, bescheiden, aber von ansprechender Schlichtheit. Sie wurde 150 Jahre später im Westen verkürzt und 1960 vollkommen erneuert. Das Kirchlein erzählt vom Schicksal eines der größten und schönsten Kirchspiele Eiderstedts, das zum kleinsten Dorf der Halbinsel wurde. Immer mehr Land mussten die Ordinger dem Sand preisgeben, der unaufhaltsam landwärts trieb. Zwischenzeitlich ist der Sand zum Strand, die Bedrohung zur Existenzgrundlage geworden.

Unbeirrt haben die Ordinger ihre Kirche wieder und wieder erbaut. Glücklicherweise blieb viel altes Inventar erhalten, das in seinem Ursprung weit über das Alter der Backstein-Saalkirche hinausgeht und auf die Vorgänger dieses Kirchleins weist.

Wer hineingeht, wird schnell gefangen genommen von der Stimmung und dem Reiz dieser *guten Stube*. Über sich nimmt der Besucher sogleich das 1758 bäuerlich naiv bemalte, rundbogige hölzerne Tonnengewölbe wahr: Himmel, Sterne, Wolken breiten sich über ihm aus. Zwei Engel tragen darin die Inschrift: *Trau auf Gottes Seegensblicke in des Glückes Wohlergehn / plagt dich widriges Geschicke kannst du Trost von ihm erflehn. Er erhält dir Herz und Mut preise den, der Wunder tut. / That der Herr uns viel zu gute mit ganz unverhofftem Seegen suchten wir durch diesen Zierrath unsern Dank an Tag zu legen. Tete Jasper Peters Lehnsmann Kirchen- und Armenvorsteher wie auch königlicher Strand-*

Spiegelmonogramm, 1758

vogt in Ording und dessen Frau Eheliebste Catharina Jasper Peters gebohrne Tetens im Jahr 1758.

Den Engeln gegenüber erkennt man zwei wilde Männer, die ein Inschriftenbuch mit dem Spiegelmonogramm Friedrich V. von Dänemark mit Königskrone halten. Ferner sehen wir die Tugenden Glaube (mit Reichsinsignien und Textstelle Phil. 3, 7+8) und Hoffnung (mit Bibel, Anker, Herz und Textstelle Joh. 14, 15) sowie Engel mit den Abendmahlssymbolen (Getreide und Traube). Ein weiteres Schrifttuch enthält den Hinweis auf das Buch des Propheten Jesaja. Im 6. Kapitel seines Buches berichtet er über seine Berufung. Im Zusammenhang dieses Ereignisses hört er den Lobpreis der Engel, die singen: *Heilig, heilig ist der Herr Zebaoth. Alle Lande sind seiner Ehre voll.* Wer sich unter diesem ›Himmel‹ versammelt, ist aufgefordert, sich in solche Anbetung hineinnehmen zu lassen. Kirchen sind keine Museen. In ihnen feiert die christliche Gemeinde bei Wort und Sakrament die Gegenwart ihres Herrn, unter dessen schützender und bergender Obhut sie sich weiß und die ihr Mut und Zuversicht gibt.

Seit gut 500 Jahren blickt die Gemeinde dabei auf den volkstümlich und derb geschnitzten Altar (um 1460/1480), dessen Figuren in einem neuen Schrein stehen; rechts und links die Apostel, in

Altar, um 1460/1480

der Mitte die an der Kreuzigung beteiligten Personen. Der Schrein ruht auf einer barocken Predella von 1729, die ein Abendmahlsgemälde enthält, welches auf eine Stiftung des Rathmannes und Pfennigmeisters Jacob Johanns zurückgeht.

In der Art der Spätrenaissance ist um 1640 die Kanzel gebaut. Sie weist mit ihren Gemälden auf die Geburt Christi, den Schmerzensmann, die Auferstehung und Christi Himmelfahrt hin. Bemerkenswert sind die drei Bitten, die als Inschriften am Kanzeldeckel und Korb verzeichnet sind und Prediger*innen und Hörer*innen auch heute miteinander verbinden. *Las dir gefalle Herr das willige Opfer meines Mundes und lehr mich dein Recht (am Deckel); Herr thue meine Lippen. Auf das mein Mund deine Ruhm verkundige. PS 51; (am Kanzelkorb) vot. conc. Ach das niemand von alle meine Zuhörern mochte verlohren;* (am Sockel). An die Prediger in den vorangegangen Kirchenbauten erinnert das Porträt von Matthias Pampus, einem gebürtigen Düsseldorfer, der von 1603–1645 Hauptpastor in der bis 1863 eigenständigen Kirchengemeinde Ording war und dessen Sohn ihm im Amt folgte. Er hat ein Werk mit dem Titel hinterlassen: *Kurze jedoch wahrhafte Erzählung der grausamen Fluth, so das Land Eiderstedt zwischen dem 11. und 12. Oktober 1634 verwüstet und ruinirt hat.*

Ebenfalls in der Art der Volkskunst der Spätrenaissance gehalten sind die drei Epitaphien von 1638 und 1654. An dem Epitaph Poppens, das vom Gemälde der Kreuzigung beherrscht wird, ist heimatkundlich eines der seitlichen Porträts bemerkenswert, welches eine Frau mit Eiderstedter Kopfschmuck und einer Silberfiligranbrosche zeigt. Der Aufsatz des Epitaphs enthält neben dem Gemälde der Auferstehung, zwei weiterer Porträts und einem Christuskopf-Medaillon die eingekerbten Initialen HB, die auf den Tischler hinweisen, der auch die Arbeiten an der Kanzel ausführte. Diese Details mögen ein Hinweis auf die vielfältigen, oft heimatkundlichen und lokalgeschichtlichen Zusammenhänge in unseren Kirchen sein, die noch zum größten Teil im Dunkeln liegen. So enthält ein weiteres Epitaph aus dem Jahr 1638, das sich auf die Petrusgeschichte bezieht (Apg. 9), zwei Porträts ohne Beischriften und Stifternamen. Um wen mag es sich gehandelt haben? Eine Restaurierung ergab keinen Aufschluss. Im Typ ist auch das dritte Epitaph (Folves 1654) den beiden anderen ähnlich, allerdings ohne Gemälde. Erstaunlich ist, welche Schätze

Kanzelfeld, Geburt Christi, 1640

Holzskulptur St. Nikolaus

diese kleinste Kirche Eiderstedts bewahrt hat. Kunst- und kulturgeschichtliche Forschung findet allein hier reiche Nahrung. Die Epitaphien der Eiderstedter Kirchen wären es wert, einer eigenen Forschung unterzogen zu werden. Sie erzählen ein gutes Stück Eiderstedter Geschichte über einen Zeitraum von ca. 200 Jahren. Es wäre lohnend, anhand der Familien, denen die Gedenktafeln gewidmet sind, ein Stück Zeitgeschichte Eiderstedts zu beleuchten und zu illustrieren. Der kleine Archivschrank aus dem 17. Jahrhundert erinnert daran. Er erhielt ehemals Dokumente, die heute im Archiv des Kirchenkreises Nordfriesland in Breklum gelagert sind.

An zwei Dingen sollte man nicht vorübergehen, bevor man dieses Kleinod unter den Eiderstedter Kirchen verlässt: an der schönen, mit spätgotischen Krabben besetzten Steintaufe aus dem Anfang des 16. Jahrhunderts, die trotz der vielfältigen Schicksale bemerkenswert gut erhalten ist, und an der kleinen, an der Nordwand befindlichen Kreuzgruppe aus dem 17. Jahrhundert, deren Kruzifix noch aus gotischer Zeit stammen könnte.

Schließlich erinnert die kleine Nikolaus-Statue an den Namensgeber der Kirche: Bischof Nikolaus von Myra in Kleinasien, Schutzpatron der Seefahrer und Kinder. Sein Gedenktag ist der 6. Dezember. Ein fränkischer Tischler, der in St. Peter-Ording Urlaub gemacht hatte, fertigte sie und schenkte sie der Kirchengemeinde.

Die Gestalt des Hauses hat sich verändert, viele Inventarien blieben erhalten. Formen wandeln sich – Inhalte bleiben: Die kleine Dorfkirche ist dafür ein beredtes Zeichen.

Osterhever

St. Martin

– gegr. um 1113 –

1113 schlugen die Boyensmänner ihren Kirchenherren Harmen Lütke (in Garding) tot. Ihnen wurde deswegen ihr Patronatsrecht (erg.: Präsentationsrecht, Vorschlagsrecht für die Pfarrstellenbesetzung) *genommen. Danach wurden folgende Kapellen von der Kapelle auf dem Geestrücken aus erbaut: nämlich Poppenbüll, Tetenbüll, Osterhever, Katharinenheerd, Welt und Vollerwiek,* berichtet das Chronicon Eiderostadense vulgare (1103–1547). *(Lit. 8).* Nach einer Kapellengründung in Osterhever kam es vermutlich in der 1. Hälfte des 13. Jahrhunderts zum Bau einer größeren romanischen Kirche, von der zwei kleine Fenster und das Portal in der Nordwand sowie Teile des Chorraumes noch Zeugnis geben. Im Jahre 1565 ist der Altarraum um die Apsis erweitert worden. In der schlicht gehaltenen Kirche lohnt es innezuhalten. Auch sie spricht eine eigene Sprache, am deutlichsten durch ihren Altar, eine Kostbarkeit aus der Zeit um 1520. Im Jahre 1968 wurde er vorzüglich restauriert und der Gemeinde aufs Neue in seiner Schönheit vor Augen gestellt. Bemerkenswert in der Komposition dieses Altars ist die Darstellung im unteren Bild des rechten Seitenflügels: Christus auf der Rast. Christus hockt auf seinem Kreuz, macht Rast vor der Kreuzannagelung, von Maria und Johannes begleitet, von Knechten verspottet. Christus auf der Rast – dieses Motiv kehrt in Eiderstedt innerhalb eines Altars nicht wieder, gerade deshalb sollte es umso mehr zur Meditation anregen.

Als weitere Besonderheit dieses Altars ist zu vermerken, dass die Figur des Christus auffallend klein gehalten ist. Wahrhaftig: Seine Größe ist eine andere! Eine Betrachtung dieses Altars lässt die Variationsmöglichkeiten und den unerschöpflichen Reichtum der Gestaltung christlicher Botschaft aufs Neue erkennen. Wie wurde früher in der Kenntnis der biblischen Geschichte gelebt und aus

Altar, um 1520

ihr heraus gewirkt! Wie wurde die Stellung des Menschen zum Kreuzigungsgeschehen ins Bild gesetzt! Von auffallender Eindringlichkeit ist auch die Gruppe der trauernden Frauen mit Johannes, dem Lieblingsjünger Jesu. Unverkennbare Ähnlichkeit besteht gerade hier mit dem Altar in Witzwort. Im Übrigen bilden Kreuztragung, Kreuzannagelung und Grablegung Christi den Hintergrund des von drei flachen Sterngewölben überzogenen Mittelteils, der mit sehr schön geschnitzten, zierlichen Schleiern aus Astwerk und Akanthus zwischen vier Wimpergen mit Konsolfiguren der vier Evangelisten geschmückt ist. In den Seitenflügeln sind sehr bewegt verarbeitet: Verspottung und Geißelung (links) sowie Christus vor Pilatus und Christus auf dem Kreuze sitzend (rechts). Auffallend ist, dass im Laufe der Jahre sämtliche Waffen, die die Kriegsknechte in Händen hielten, abhanden gekommen sind. Entspricht dieses nicht in eigentümlicher Weise der entwaffnenden und friedensstiftenden Kraft Jesu? Den Einsichten des Glaubens sind auch hier keine Grenzen gesetzt.

Dem wunderbaren Schnitzwerk des Altars entspricht ein seltener und in seiner Art in Eiderstedt einzigartiger Altarblock (Stipes). Er ist vorn durch drei Nischen zwischen vier stark vortretenden ziegelgemauerten Pilastern gegliedert. Bemerkenswert sind auch

die Abendmahlsbänke von 1753: Sie enthalten in den Brüstungen ein durchbrochenes Spiegelmonogramm (MJB), das von Palmenzweigen gerahmt wird.
Der Gang zum Altar führt auch in dieser Kirche unter der spätgotischen Kreuzgruppe hindurch, die in ihrem künstlerischen Wert sicher den bedeutenden Werken in Garding, Kotzenbüll, Oldenswort, St. Peter und Tönning nachsteht, aber für die Osterheveraner die schönste ist. Wird nicht der eigentliche Wert durch das persönliche Verhältnis bestimmt, welches man zu den Dingen hat? Das gilt z.B. für die Betrachtung der Kanzel. Wohl wird man bedauern, dass die ursprüngliche Renaissancekanzel bis auf einzelne, noch jetzt am Kanzelkorb sichtbare Säulen verlorenging, doch wird man auch die schlichte klassizistische Kanzel von 1892 schätzen. Man bedenke, dass aus der klassizistischen Stilepoche in unseren Eiderstedter Kirchen nur sehr wenig zu finden ist.

Mondsichelmadonna, frühes 16. Jh.

Die neugotische Zeit hinterließ uns den achteckigen Taufstein, den einzigen aus dieser Zeit, der sich in Gebrauch befindet. In Koldenbüttel nämlich hat sich die Gemeinde dafür entschieden, die seit 1845 gebrauchte Taufe nicht weiter zu benutzen, sondern an ihre Stelle den wiedergefundenen, einst vergrabenen Taufstein der

Romanik zu setzen. Allerdings wurde der außer Gebrauch gesetzte Taufstein weder vergraben noch vernichtet. Er steht als Leihgabe in der Kapelle des Husumer Schlosses.
Über dem Taufstein hängt seit kurzer Zeit wieder der gerade noch vor dem totalen Verfall gerettete Taufengel (um 1800). Bewahren, was die Vorfahren uns gaben, ist unsere Aufgabe!
Die Gemeinde Osterhever erinnerte sich im Rückblick auf ihre 900-jährige Geschichte und anlässlich des Luthergedenkjahres 2017 an Schätze, die einst zur Ausstattung gehörten. Im Jahr 1902 hatte man diese dem Museumsberg Flensburg als Leihgabe überlassen. Seit 2017/18 regen sie wieder zu Besinnung und Vertiefung in die Leidensgeschichte Jesu an: die Beweinung Christi, um 1520 (Kopie 2018 von Benjamin Fock), und der Schmerzensmann, gotisch. Zudem kehrte die Mondsichelmadonna (Maria mit dem Jesuskind auf einer Mondsichel stehend, frühes 16. Jahrhundert) aus ihrem Bodenversteck wieder in den Kirchraum zurück. Lebendige Erinnerung, bewahrtes Gedächtnis, Jahrhunderte alte Zeugnisse des Glaubens. Dazu gehört auch die Glocke von 1562.
Das Gedenken an die unzähligen Kriegstoten aller Zeiten hält stellvertretend eine Erinnerungstafel (1865) für den am 6. Juli 1849 bei Fredericia gefallenen Gefreiten Jürgen Lühr Rabe fest. Vor dem Verlassen der Kirche achte man noch auf den rechts des südlichen Portals aufgestellten Grabstein von Jacob Ulves aus dem Jahr 1583. Das Relief zeigt in einer perspektivischen Rundbogennische ein Ehepaar, den Mann als Fahnenträger in spanischer Hoftracht mit Degen, Pluderhose und Topfhut – eine interessante Erinnerung daran, dass die Eiderstedter Trachten sich aus der spanischen Hoftracht entwickelt haben. Wie viele Bezüge Eiderstedts zum westeuropäischen Raum werden hier sichtbar! Kirche ist ihrem Wesen nach weltoffene und weltzugewandte Kirche; auch Grabsteine können daran erinnern.

POPPENBÜLL

St. Johannis

– gegr. um 1113 –

Im ersten eingedeichten Koog Eiderstedts (987), dem Johanniskoog, liegt die St.-Johannis-Kirche. Wie die Kirche in Osterhever wurde sie um 1113 von Garding aus gegründet. Nord- und Südwand stammen vielleicht noch von der ursprünglichen romanischen Anlage. Der Chor ist gotischen Ursprungs und wurde 1614 teilweise erneuert. Laut Inschrift an der Südseite des Chores stammen die Stützpfeiler aus jenem Jahr. 1894 erhielt die Kirche statt des hölzernen Glockenhauses einen Dachreiter.

Im Innern tut sich ein Schatz guter Inventarien auf. Seit der Renovierung im Jahre 1984 ist dieser in seiner Schönheit wieder besser erkennbar. Zu wenig einfühlsam und dem geschichtlichen Wachstum der Kirche nicht genügend verpflichtet erfolgte in den 50er- und 60er-Jahren des 20. Jahrhunderts eine Renovierung. So ist es einem Glücksfall bzw. der Einsicht des einstigen Erwerbers zu verdanken, dass der seinerzeit veräußerte große Bronzeleuchter mit 20 Doppelarmen aus der Zeit um 1880 zusammen mit den Wandleuchten heute wieder die Kirche schmückt. Auch präsentieren sich die zahlreichen geschnitzten Wangen und Türen des ehemals reichsten Gestühls der ganzen Landschaft wieder an alter Stelle, nachdem sie zwi-

Gestühl, 16./17. Jh.

schenzeitlich unter der Westempore angebracht waren. An den Wangen und Türen finden sich Daten von 1598, 1605, 1609 und 1650. Schließlich konnte auch die Orgel von 1847 restauriert werden.

Welche Sorgfalt haben frühere Generationen auf die Ausstattung ihrer Kirchen verwendet. Zur Ehre Gottes war das Beste gerade gut genug. Der ganze Kirchenraum wollte und sollte ein Spiegel jener Werte sein, die Gott schenkt!

Einzigartig in Eiderstedt ist die bronzene Taufe, von Figuren der vier Evangelisten (Matthäus, Markus, Lukas, Johannes) getragen. Gegossen wurde sie 1590 von Melchior Lucas. Am oberen Rand der Taufe befinden sich zwei durchbohrte Löwenköpfe als Traghenkel. Die Taufe ist dicht mit Reliefs und Schriftbändern überzogen. Nicht zu übersehen sind die Reliefs des Christus und der zwölf Apostel sowie die vier Medaillons mit Darstellungen der Taufe Jesu, der Dreieinigkeit, des Christus als Rebstock (!) und der Kreuzigung mit den zwei Marien. Die Inschrift lautet oben: *Wol dar gelofet unde gedoft wert de wert salich werden wol averst nicht gelofet de wert vor domet werden.* (Wer da glaubt und getauft wird, der wird selig werden, wer aber nicht glaubt, der wird ver-

Relief des bronzenen Taufbeckens, Darstellung der Apostel, 1590

dammt werden. Markus 16, 16). Unter der Apostelreihe ist zu lesen: *Anno 1590 bin ick des Carspels Dope tho Poppenbol gegaten tho der Tidt ist gewesen Pastor M. Conradus Gentselius + Broder Peters Lensman. Tete Peters. Gonne Jacobs. Jacob Mannis. Taam Peters. Tete Eddelefs. M. Melcher Lucas Godt Mi. +* (Im Jahre 1590 bin ich, des Kirchspiels Taufe zu Poppenbüll, gegossen. Zu der Zeit war M. Conradus Gentselius Pastor und Broder Peters Lehnsmann. Tete Peters. Gonne Jacobs. Jacob Mannis. Tam Peters. Tete Eddelefs – M. Melcher Lucas goss mich.). Es lohnt die Mühe, sich dieses Werk besonders einzuprägen. Die im Turm befindliche, ebenfalls von M. Lucas 1590 gegossene Glocke ist übrigens im Reliefdekor der Taufe sehr ähnlich.

Taufbecken, 1590

In die Zeit der Entstehung der Taufe fällt auch der Bau der Kanzel (1579), nach dem Eiderstedter Schema geschaffen. Die Darstellungen beziehen sich auf die neutestamentlichen Berichte von der Taufe Jesu, seinem Gebetskampf in Gethsemane, seiner Kreuzigung und Auferstehung. Im 2. Relieffeld ist das Wappen des Stallers Sivert Sivertsen (s. Gardinger Kanzel) zu entdecken. Die Inschriften nehmen Worte des Johannes-Evangeliums und des

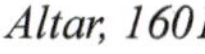

Altar, 1601

Kanzelfeld, Jesus im Garten Gethsemane, 1579

Römer-Briefes auf. Im Sockelfries: *Vader ick wil / dat wor ich bin / ock de bi mi sin de / du mi gegeven hefst. Jo. 17.* (Vater, ich will, dass wo ich bin, auch die bei mir seien, die du mir gegeben hast.) und im Gebälkfries: *Wol den Namen / des Heren wert an / ropen de schal sa / lich werden. Rom 10.* (Wer den Namen des Herrn wird anrufen, soll gerettet werden.). Wertvolle Teile der Kanzel gingen leider verloren, u.a. die Kanzeltür, die die Jahreszahlen 1579 und 1609 trug.

Die reiche Zeit der Renaissance spiegelt sich in den Altargemälden des Jahres 1601, aus der Hand Marten van Achtens. Das Mittelbild zeigt das Abendmahl, die Seitenflügel zeigen Taufe und Kreuzigung sowie auf den Außenseiten Beschneidung (Lukas 2, 21) und Eherne Schlange (4. Mose 21). Der Giebelaufsatz, der ein Gemälde der Auferstehung beinhaltet, ist von fünf Putten als Bekrönungsfiguren umgeben. Der Aufbau dieses Altars stimmt bis in die Einzelheiten mit dem Altar in der Kirche in Welt überein. Als Inschriften lesen wir Worte aus dem ersten Brief des Apostels Paulus an die Korinther (Kap. 10 und 11). Im Jahre 1883 erneuerte kein geringerer als der bekannte Heimatmaler Carl Ludwig Jessen den Altar. Ihm verdanken wir übrigens auch das Porträt im Epitaph Riewe von 1888. Vor dem Altar stehen die Abendmahlsbänke von 1759 mit dazugehörigen kleinen Tischen. Diese werden von Putten getragen, die Garbe und Traube als Symbol für Brot und Wein in Händen halten. Seitlich des Altars, in die Nordwand eingelassen, befindet sich der ehemalige Sakramentsschrank aus der Mitte des 17. Jahrhunderts. Im Jahr 1804 fand der Beichtstuhl im Chorraum Aufstellung.

In früherer Zeit soll zwischen Chor und Schiff ein geschnitzter

Lettner gestanden haben, auf dem die Triumphkreuzgruppe angebracht war. Erhalten ist davon nur der Triumphbalken mit den alten Inschriften: *Vorwahr he droch unse Krankheit und lodt up sich uns schmerte. De straffe licht up em, op dad wi Frede hedden. – Jesaja am 53.« und »Gelick alse Moses in der Wöstenye, eine Schlange vorhöget hefft, Also moth des Mische Söne verhögett werden. Johannes am 3.* (Fürwahr er trug unsere Krankheit und lud auf sich unsere Schmerzen; die Strafe liegt auf ihm, auf dass wir Frieden hätten. Jesaja 53 – Wie Mose in der Wüste die Schlange erhöht hat, so muss des Menschen Sohn erhöht werden. Joh. 3, 14). Auf dem Balken ruht heute die um 1600 entstandene Gruppe mit für die damalige Zeit typischer gotisierender Tendenz, restauriert 1998. Am breiten Bretterkreuz mit den vier Evangelistensymbolen hängt ein recht derb geschnitzter Christus mit flatterndem Lendentuch. Neben ihm stehen Johannes, in Haltung und Haartracht als Mensch des 17. Jahrhunderts dargestellt, und Maria, deren Gestalt wesentlich mehr von gotischer Schnitzkunst beeinflusst ist.

Dem Pastor zum Gedächtnis, der 1590 wohl an der Stiftung der bronzenen Taufe und der Glocke beteiligt war, befindet sich an der Nordwand des Kirchenschiffes eine Gedenktafel. Er selbst ist darauf abgebildet in schwarzer Pelzrobe mit Mühlsteinkrause und langem grauem Vollbart: Pastor M. Conradus Gentzelius, 1583–1612 in Poppenbüll tätig. Sein Sohn, Pastor in Westerhever, ließ dieses Epitaph 1617 anfertigen. Es handelt sich um das älteste Pastorenbildnis Eiderstedts.

Der letzte, selbstständig in Poppenbüll amtierende Pastor verließ im Jahre 1931 die Gemeinde. Lediglich das alte Pastorat aus dem Jahre 1819 ist noch erhalten, befindet sich aber zwischenzeitlich nicht mehr im Besitz der Kirche. Einstmals stand der Pastoratshaubarg in Kotzenbüll, bevor er 1819 nach Poppenbüll versetzt wurde.

Durch welche Veränderungen ging die Kirche in den vielen Jahrhunderten ihres Bestehens! Aber sie lebt. Das ist ohne Zweifel ein Wunder!

Sankt Peter

St. Petrus

– gegr. um 1200 –

Wenngleich der Dorfkirche von St. Peter-Ording deutlich anzusehen ist, dass ihr äußeres Gesicht in jüngster Vergangenheit erneuert (1937/1951) und der Bau dabei in neoromanischer Weise egalisiert wurde, so verbirgt sich dahinter doch der alte Kern. Der älteste Bauteil ist der fast quadratische Zwischenchor, der als der ursprüngliche Chor romanischer Zeit angenommen werden darf. Er ist schon im 13. Jahrhundert eingeweiht worden. In gotischer Zeit wurde dann der Chorschluss angefügt und eingewölbt, etwa gleichzeitig wohl auch das Kirchenschiff gebaut (vielleicht 1563). In den Jahren 1860–1863 hat die Kirche eine Verlängerung des Langhauses nach Westen erfahren.

Unendlich vielfältig ist die Baugeschichte. Sie reicht bis in die allerjüngste Vergangenheit und ist im Wesentlichen gut zu verfolgen.

So diente eine Renovierung im Jahre 1970 vorwiegend dazu, mehr Sitzplätze zu schaffen. Dabei wurde das Vorhaus im Westen gebaut und im Innern eine lose Bestuhlung geschaffen. Bis heute noch vermissen ältere Dorfbewohner das ehemalige Gesicht der Kirche mit seitlichen Emporen und dem einstigen Kastengestühl. Ist das lose Gestühl ein Zeichen dafür, dass Menschen unserer Zeit nicht mehr so festgelegt sein möchten, sich individuelleren Spielraum wünschen, sich nicht gern einreihen lassen oder dass sie beweglicher sind und mit Vorgegebenem freier umgehen?

Nun – Architektur ist jeweils Ausdruck der Zeit. Und Kirche gehört in die Zeit. Die Dorfkirche St. Peter erinnert daran, dass sich jede Zeit neu mit Kirche auseinandersetzen muss. Dieser Aufgabe hat sich die Kirchengemeinde 1998 erneut gestellt – Ausdruck ihrer Kreativität! Eine freistehende Orgelempore mit einem neuen klingenden Werk der Fa. Lobback/Hamburg schmückt die Westfront des Kirchenraumes und bietet ein angemessenes stilistisches Gegengewicht zum gotischen Schnitzaltar. In diesem Werk spiegelt sich zudem eine imponierende Spendenfreudigkeit vieler Liebhaber der Kirche! Wo begriffen ist, was Kirche bedeutet und welche Schätze geistlicher und künstlerischer Werte sie vermitteln möchte, da öffnen sich auch heute viele Herzen und Hände zu tätiger Mithilfe.

Orgel

Altes und Neues stehen sich in St. Peter deutlich gegenüber. Diese Kirche besitzt einen beeindruckenden Schnitzaltar (um 1480–1500). Er zeigt sich dem Besucher in restaurierter Pracht. Schon darum verdient er besondere Beachtung, zum anderen aber auch deshalb, weil seine Komposition sich von den übrigen Eiderstedter Altären abhebt. Entspricht der Mittelteil dem Typus der anderen Schnitzaltäre Eiderstedts, so weichen die Seitenflügel deutlich vom Schema jener Altäre ab. Gewöhnlich tragen sie Szenen der Passion oder die Figuren der zwölf Apostel. Hier aber füllen die

Chorraum mit Altar und Beichtstuhl

Seitenfelder Szenen der Geburt Christi: *Verkündigung und Geburt* (links) sowie *Beschneidung und Anbetung der Könige* (rechts). Geburt und Passion sind also in Beziehung zueinander gesetzt. Die Geburt Christi ist der Beginn des Leidensweges. Was am Kreuz sein Ende nahm, nahm im Stall seinen Anfang. Es lohnt sich, die Reliefs gründlich zu studieren und dabei besonders die Darstellung der Geburt Jesu zu betrachten. Joseph wird dort mit Windlaterne und geschnitzter Kopfkrücke (Mose) gezeigt. Der Rosenkranz – Gebetshilfe, nicht Gebetsmühle! – in seiner Hand weist deutlich in katholische Zeit, erinnert aber seit der Reformation daran, die gemeinsame Geschichte der einen Christenheit nicht zu vergessen und über der Trennung der Kirchen nicht zu versäumen, Traditionen aufzuarbeiten. Versteckte Hinweise sind für jeden zu finden, der sich aufmerksam und ehrfurchtsvoll den Kirchen und ihren Schätzen zuwendet.
Interessant ist im übrigen auch die Darstellung der gekreuzigten Schächer. Ikonographisch einmalig in Eiderstedt ist die des Schächers zur Linken, dessen als Kind abgebildete Seele ein Teufel holt. Die Seele des Schächers zur Rechten wird von einem Engel in den Händen gehalten. Man beachte schließlich auch zwei kleine Figuren unter Baldachinen, die sich zwischen Maßwerkbaldachinen mit Netzgewölben befinden. Es ist nicht geklärt, wen sie darstellen sollen. Der Altar selbst wird getragen von einer Predella, die das Abendmahl zeigt und deren Inschrift auf das Entstehungsjahr des Gemäldes, 1698, weist.
Aus diesem Jahr stammt auch die barocke Akanthusranke, die den Schrein bekrönt. Sie fasst eine Figur des auferstehenden Christus mit Fahne ein.
Nur wenige Jahrzehnte trennen das gotische Schnitzwerk des Altars von der Kreuzgruppe (um 1510).
Seit 1998 nimmt sie ihren Platz wieder an ihrem ursprünglichen Ort ein, im Chorbogen, sinnfälliger Ausdruck dafür, dass die Gemeinde durch Christus Zugang zur Gemeinschaft mit Gott hat, wie sie in der Feier des Heiligen Abendmahls im Altarraum spürbar und erlebbar werden soll. Kein Ausstattungsstück der Kirche ist zufällig platziert. Alles Vordergründige ist hintergründig.
Das Triumphkreuz verdient besondere Beachtung. Es ist außer-

ordentlich reich verziert mit Blattkrabben sowie den Symbolen der vier Evangelisten und trägt den feingliedrigen Corpus Christi. Maria in Gebetshaltung und Johannes mit dem Buchbeutel stehen zu beiden Seiten. Noch ehe unsere Zeit die Bedeutung der Meditation wiederentdeckte, galten die Kreuzgruppen Jahrhunderte hindurch als Gegenstand der Meditation und tiefer innerer Betrachtung. Aber auch heute singt die Gemeinde noch mit den Worten Paul Gerhardts bei so mancher Beerdigung: *Erscheine mir zum Schilde, zum Trost in meiner Not, und lass mich sehn dein Bilde in deiner Kreuzesnot; da will ich nach dir blicken, da will ich glaubensvoll, dich fest an mein Herz drücken. Wer so stirbt, der stirbt wohl.* Paul Gerhardt und die Schnitzer verfolgten dasselbe Ziel in ihrer jeweiligen Kunst: Sie boten Trost. Wer durch unsere Kirchen geht, sollte also getrost seinen Kummer mit hineinnehmen. Auch heute kann die Sprache des Raumes Menschen verwandeln.

Taufdeckel mit dem Auferstandenen

Aus der Frühzeit der Eiderstedter Kanzeln stammt auch die Kanzel dieser Kirche, im Eiderstedter Typ erbaut, der Gardinger ähnlich, jedoch sehr schlicht. Es fällt auf, dass sie keine Schnitzreliefs trägt. Der aus den Entstehungsjahren 1565/70 stammende Kanzeldeckel ist später (wohl 1759) um Akanthusschnitzereien bereichert worden. Auch an dieser Kanzel ist das Wappen des damaligen Stallers Sivert Sivertsen und seiner Frau zu finden (s. Garding).

Aus barocker Zeit ist als bedeutendstes Inventarstück nur die Taufe von 1729 erhalten mit dem dazugehörigen Taufdeckel, der von der Figur des Auferstandenen gekrönt wird. Der Taufstein aus schwarzem Granit ist in Form eines Kelches gearbeitet, ein Hin-

Totenschild

weis darauf, wie sehr die beiden Sakramente der evangelischen Kirche – Taufe und Abendmahl – zueinander gehören. Dass sich diese Taufe wie fast alle Inventarien der Vergangenheit einer persönlichen Stiftung verdankt, zeigt die Inschrift an: *Gott zu Ehren und der Kirchen zum besten verehret seel. H. Johann Hamckens nebst seine seel. Fr. Eheliebsten und dessen 2 lebende Söhne als Peter und Boye Hamckens diesen Taufstein. Sanct Peter. 1729.*
Besondere Aufmerksamkeit verdient der prachtvolle, barocke Beichstuhl aus dem Jahr 1703. Er erinnert daran, sich nicht von der Beichte zu distanzieren, vielmehr sich ihrer Bedeutung neu zu vergewissern. Die Attribute des Heiligen Petrus, die gekreuzten Schlüssel, weisen auf die wohltuende Kraft der Vergebung. Denn wohltätig möchte auch diese Kirche sein, dem ganzen Menschen Erholung schenken an Leib, Seele und Geist.

Patera, Rainer Lischeski

Nicht übersehen sollte man die an der Chorwand angebrachten Prozessionsleuchten. Sie erinnern daran, mit welcher Sorgfalt Verstorbener gedacht wurde und jeder Anonymität und Sorglosigkeit im Umgang mit dem Schicksal von Menschen Grenzen gesetzt wurden. Die

bei dem Trauerzug mitgeführte Kerze wurde dem Totenschild beigefügt: Licht am Ende des Weges, Licht aus Gottes Ewigkeit.
Dem Dunkel und dem Elend entgegenzuwirken, darauf weist in jüngster Zeit das ins Inventarium aufgenommene Kunstwerk *Patera* (Boot) von Rainer Lischeski hin. Es wurde aus den Resten eines Flüchtlingsschiffes gestaltet und erinnert an die Flüchtlingskatastrophen im Mittelmeer. Die tief berührende Inschrift lautet: *Unser täglich Brot gib uns heute.*
Sich auf die Bitten des Vaterunsers einzulassen, dazu laden die Glocken der Kirche regelmäßig ein, die sich seit 1999 wieder in einem hölzernen Glockenhaus befinden. Bedauerlicherweise riss man 1861 den historischen Glockenstapel ab.
Die Begeisterung für das ursprüngliche Ensemble von Kirche und Glockenhaus weckte die Spendenfreude vieler Einheimischer und Gäste. Verdient machte sich insbesondere die Arbeitsgemeinschaft Ortschronik und eine Gruppe uneigennütziger Handwerker, die die Vision des alten Glockenhauses zur Realität werden ließen.
So gewann kirchliche Geschichte neue Gestalt und wurde Vergangenheit in der Gegenwart lebendig! Man kann es läuten hören!

TATING

St. Magnus

– gegr. 1103 –

„Klein Tönning“ nennen manche Leute gern den Tatinger Kirchturm. Gewisse Ähnlichkeiten wird man nicht übersehen können. Und doch: Als Tönning noch kein Gotteshaus besaß, stand in Tating bereits eine Kirche, die erste in Eiderstedt. Im Jahre 1103 wurde sie zunächst als hölzerne Kapelle erbaut und dem Heiligen Magnus geweiht. Kirchenbaugeschichtlich stehen wir also in Tating auf ältestem Boden. Spuren des späteren romanischen Baues sind bis heute unübersehbar. Im Jahre 1921 entdeckte man das Feldsteinfundament der romanischen Apsis, die an Stelle des jetzigen Chorschlusses zu denken ist. Der quadratische Zwischenchor und der Kern des Schiffes sind als romanische Bauelemente noch heute klar zu erkennen.

Wer Tatings Kirche betritt, darf sich also an die Anfänge der Kirchwerdung in Eiderstedt erinnern. Was wäre das Dorf ohne die Kirche? Unsere Vorfahren setzten sie bewusst in seine Mitte. Sie wussten, was sie taten. Alles Leben braucht seine Mitte, seinen Grund, seinen Halt und ein unverrückbares Zuhause. Dafür ist nicht nur der äußere Bau Gleichnis, sondern vor allem sein Inneres. Vor dem Besucher tut sich das Bild einer Dorfkirche auf, in der man sich schnell beheimatet fühlt. Eines der wenigen erhaltenen Kastengestühle (1843) erinnert an die typische Bestuhlung aller Kirchen Eiderstedts in den vergangenen 400 Jahren, wobei die jetzige Farbgebung der Bänke sich an friesische Hausmalereien anlehnt. Dies ist nur der erste von vielen Eindrücken, die die reichhaltige Ausstattung dieser Kirche hinterlässt.

Als Besonderheit dieses Raumes ist die Kanzel anzusprechen. Sie wurde im Jahr 2005 grundlegend restauriert und geht in ihrem Ursprung nach neuesten Erkenntnissen ungefähr auf das Jahr 1540 zurück. Nach dendrologischen Untersuchungen wurde das Holz für die Kanzel 1485 geschlagen. Damit besitzt die Tatinger Kirche die älteste Kanzel der ehemaligen Propstei Eiderstedt, wenngleich noch nicht im Typus des Eiderstedter Stils gearbeitet (die älteste Kanzel dieses Typs befindet sich in Garding). Im später hinzugefügten Schalldeckel befindet sich die Jahreszahl 1579. Die Bildfolge des Kanzelkorbes geht wahrscheinlich auf das Jahr 1601 zurück. Gotisch nachempfundene Säulen *(Lit. 4)* fassen den Kanzelkorb. In horizontal unterteilten Feldern finden sich *acht beachtliche Gemälde manieristischen Stils, die auch ikonographisch eigenartig sind.* Sie stellen dar (von links nach rechts, jeweils untereinander):

König, der Hochzeit macht (Matthäus 22, 1ff.)
Gleichnis vom Sämann (Lukas 8, 4ff.)
Jesus und Nikodemus (Johannes 3, 1ff.)
Predigt am See (Lukas 5, 1ff.)
Der zwölfjährige Jesus im Tempel (Lukas 2, 41ff.)
Die Emmausjünger (Lukas 24, 13ff.)
Der verlorene Groschen (Lukas 15, 8ff.)
Der barmherzige Samariter (Lukas 10, 25ff.)

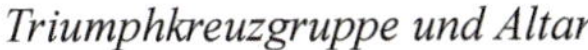

Triumphkreuzgruppe und Altar

Der Schalldeckel setzt in seinen Aufsätzen die Reihe der Gemälde fort: Jaspisstuhl (Offenbarung St. Joh. 4, 2–6); Christus mit sieben Leuchtern (Offenbarung St. Joh. 1, 12–14); Gott Vater; Christus und Martha (Lukas 10, 38ff.); der Jüngling zu Nain (Lukas 7, 11ff.). An der Deckelinnenseite wird die Ausgießung des Heiligen Geistes gezeigt. Ursprünglich erreichte der Prediger übrigens die Kanzel über einen Steg von der Lettneremporе aus, bis beim Umbau 1922 die Empore abgebrochen und die jetzige Treppe angefügt wurde. Der erhaltene Kanzelsteg enthält im Gebälk und Sockelfries die Inschrift: *Ich weth nicht beters im Hemmel und up Erden. Den dat wi dorch Christum salich werden.*

Der Kanzel gegenüber steht als jetzige Nordempore der Rest einer ursprünglich sehr viel umfangreicheren Orgelempore. Sie enthält zwölf Szenen aus dem Alten und Neuen Testament, verbunden mit biblischen Stellenangaben und Stifternamen. Von Westen nach Osten werden folgende biblische Geschichten dargestellt:

Die Jakobsleiter (1. Mose 28)
Die Himmelfahrt Christi (Apostelgeschichte 1)
Der Gang der Jünger nach Emmaus (Lukas 24)
Die Auferstehung (Johannes 11)
Die drei Männer bei Abraham (1. Mose 18)
Isaaks Opferung (1. Mose 22)
Rahel am Brunnen (1. Mose 29)
Jakob kämpft mit dem Engel (1. Mose 32)
Simsons Kampf mit den Löwen (Richter 14)
Jona und der Walfisch (Jona 2)
Christus und die Schächer am Kreuz (Johannes 19)
Jesu Gefangennahme (Johannes 18)

Zwei Kuriositäten verdienen in dieser Bildreihe besondere Beachtung: Christus fährt von einem Heuhaufen gen Himmel, und im Jona-Bild prangt die schleswig-hosteinische Fahne!

Interessant ist auch folgende Reminiszenz: Bis zum Jahr 1921 trug der auferstandene Jesus eine Kreuzesfahne: Das weiße Kreuz auf rotem Grund stand symbolisch für die Auferstehung. Wer die Sprache der Kirchenkunst nicht verstand, konnte sie leicht mit dem Danebrog, der dänischen Nationalflagge, verwechseln. Nach Beendigung des 1. Weltkrieges folgten harte politische Auseinan-

Emporenbild, Jona und der Wal

dersetzungen um die Grenzziehung zwischen Dänemark und Deutschland. Sie endeten mit der Abtretung Nordschleswigs an Dänemark. Aufgrund dieser Tatsache kam der Kirchenvorstand zu der Überzeugung, dass es nicht tragbar sei, Christus mit dem Danebrog in der Hand auferstehen zu lassen. Die Fahne wurde übermalt und durch die Fahne Schleswig-Holsteins ersetzt. Der auferstandene Christus zu politischen Zwecken vereinnahmt! Kirche im Dienst politischer Trends! Der grenzüberschreitenden Botschaft des Evangeliums wurden hier Grenzen gesetzt! Zwischenzeitlich ist die Korrektur erfolgt, eine freundliche, grenzüberwindende Geste.

Seit einigen Jahren findet in den Sommermonaten in der Tatinger Kirche eine wechselnde Kunstausstellung statt, die sich auf unterschiedliche Weise mit den Aussagen der Inventarien in der Kirche auseinandersetzt. So interpretierte die Künstlerin Tessa Goliasch die Emporenbilder neu. Ein weiterer Blickfang ist die Tatinger Madonna, die Prof. Christian Hahn aus Hamburg schuf.

Auf der Seitenempore stand bis 1929 die Orgel. In ihrem Ursprung geht sie auf das Jahr 1591 zurück, wurde jedoch in den folgenden Jahrzehnten erweitert. Das Rückpositiv trägt die Jahreszahl 1650. Unter den Eiderstedter Orgelprospekten ist der stattliche fünfteilige Renaissanceprospekt des Rückpositivs eine Kostbarkeit. Der flache, spätgotische Hauptwerksprospekt ist leider in jüngster Vergangenheit barockisiert worden.

In Eiderstedt sind leider kaum originale Pfeifenbestände erhalten, jedoch einige gute Prospekte, die mit besonderer Liebe gehütet werden und hinter denen heute z. T. wieder qualitätvoll klingende Werke stehen. So wurde auch durch eine Restaurierung im Jahre 2007 die Tatinger Orgel ihrem historischen Vorbild klanglich an-

Orgel

genähert. Seit 1969 hat sich jedenfalls die Orgellandschaft Eiderstedts um vieles verbessert.

Damit sind zugleich der Kirchenmusik neue Möglichkeiten erschlossen worden. An der Tatinger Orgelempore bzw. an den Orgelemporen, der früheren und der heutigen, wird besonders deutlich, welche Sorgfalt man der Aufstellung und Gestaltung des Instrumentes widmete und welchen Stellenwert man der Orgel im gemeindlichen Musizieren beimaß. Der Bezug zur biblischen Aussage macht deutlich, dass alle Kirchenmusik nichts anderes sein will als Verkündigung des Evangeliums. So sind außer den Gemälden von Christus mit Nikodemus (Joh. 3) und vom ungläubigen Thomas (Joh. 20, 24ff.), die das Gehäuse des Rückpositivs zieren, neun weitere Gemälde aus dem Jahre 1746 zu den Bitten des Vaterunsers an der Empore angebracht. Es lohnt, sich für Augenblicke damit zu beschäftigen, wie der Maler die Bitten bildlich erfasst hat. – Eine 1989 restaurierte ovale Gedächtnistafel mit

Akanthusrahmen und Krone aus dem Jahre 1746 nennt die Stifter der Emporengemälde.
Zehn weitere Gemälde aus dem Jahre 1756 nehmen Bezug auf die acht Seligpreisungen Jesu (Mt. 5, 1ff.). Des Weiteren werden *Das Verlangen nach Gott* und *Freude die Fülle* thematisiert. In jüngster Zeit sind sie bei der Neugestaltung des Turmraumes in diesen einbezogen worden. Dort befindet sich seit dem Jahre 1979 auch eine historische Rarität, der Grabstein des bekannten Stallers Sivert Sivertsen.
Zum bemerkenswerten Inventar zählt weiter das Epitaph Sibbe Boiens aus dem Jahre 1664, das in zwei Reliefs die Anbetung der Hirten (Lukas 2) und der Könige (Matthäus 2) zeigt. Beide Reliefs werden von den Figuren der vier Evangelisten gerahmt. In den seitlichen Anschwüngen befinden sich Gemälde der Darbringung im Tempel (Lukas 2) und der Taufe Christi (Matthäus 3), in der Bekrönung das Porträt der Verstorbenen in Eiderstedter Tracht mit Flügelhaube und Schmuck. Ein weiteres Epitaph erinnert an Johann Hagen. Im Jahre 1675 gefertigt zeigt es im Mittelfeld weinende Frauen um Maria auf Golgatha und im Dreiecksgiebel Gott Vater mit Engel. Die später ergänzte Bildunterschrift bewegt zur meditativen Betrachtung: *Wer Gottes Marter in Ehren hat, und offt gedenckt der sieben Wort* (gemeint sind die sieben Worte Jesu am Kreuz: Matthäus 27, 46; Lukas 23, 34. 43. 36; Johannes 19, 26–27. 28. 30.), *des wil Gott eben pflegen wolhie auff Erden mit seiner Gnad und dort im ewigen Leben.*
Dem Auge bietet sich in dieser Kirche eine Fülle von Schönheiten. Die reformatorische Kirche mag sich daran erinnern lassen, die Gesamtheit der

Christus auf der Rast, 16. Jh.

menschlichen Sinne nicht zu vernachlässigen. Zu einseitig wurde die protestantische Kirche zur hörenden Kirche und damit der Gottesdienst bisweilen zur Lehrveranstaltung degradiert.
Aus vorreformatorischer Zeit stammt der gotische Kreuzigungsaltar aus der 2. Hälfte des 15. Jahrhunderts. Als Besonderheit dieses Altars fällt auf, dass die geschnitzten Figuren vor einer gemalten Golgathalandschaft stehen, die 1631 geschaffen wurde. Demselben Jahr entstammen die drei Gemälde der Predella: Christus als Lebensbrunnen (Joh. 4, 1ff.), Abendmahl und der ungläubige Thomas (Johannes 20, 24ff.). An den Außenseiten der Flügel sind die Gemälde beachtenswert, die als seltene Beispiele spätgotischer Malerei in Schleswig-Holstein gelten. Sie zeigen in zusammengeklapptem Zustand Gefangennahme und Verspottung Christi (oben), seine Geißelung und Jesus vor Pilatus (unten). Aus vorreformatorischer Zeit stammt unverkennbar auch der Taufstein aus Namurer Kalkstein mit seinem reich profilierten, achteckigen Schaft. Auf dem Rand trägt er zwei Steinmetzzeichen. Ergänzt wurde der Taufstein um 1720 durch den hölzernen Deckel mit einem Aufbau aus vier Akanthusvoluten, die eine Krone mit Distelknauf tragen.
Zur gotischen Ausstattung gehören schließlich drei Klappsitze eines Chorgestühls, die Figur *Christus auf der Rast* sowie die Kreuzgruppe. Die Beifiguren der Kreuzgruppe, Maria und Johannes, sind um 1420, die überlebensgroße Christusfigur um 1500 entstanden.
Im Jahr 1746 errichtete man zwischen Kanzel und Orgel, die sich zu dem Zeitpunkt noch an der Nordwand direkt gegenüber der Kanzel befand, eine Chorempore, verziert mit Gemälden zu den Bitten des Vaterunsers. Zwangsläufig entfernte man die nun verdeckte Kreuzgruppe von ihrem historischen Ort und versetzte sie an die Nordwestwand. Dort band man sie 1921 in die Kriegerehrung ein, bis sie 2018 restauriert an ihren ursprünglichen Ort zurückkehrte. Im Jahr 2019 schenkte die Künstlerin Lucia Figueroa als Ersatz für die Triumphkreuzgruppe ein von ihr aus Ton geformtes Kruzifix.
Die Tatinger haben sorgfältig bewahrt, denn in dieser Gemeinde existiert noch das alte Weihrauchfass aus der Zeit um 1300. Es erinnert an eine lange gottesdienstliche Geschichte. Die beiden großen christlichen Kirchen sollten sich ihrer ge-

meinsamen Vergangenheit stets bewusst bleiben! Darüber nachzudenken, gibt auch der schlichte Beichtstuhl im Altarraum (um 1730) Anlass.

Der 16-armige Kristalllüster fügt sich stilistisch schlecht in den Raum ein. Er wurde 1845 als Strandgut auf einer Aktion von einem Einwohner ersteigert und der Kirche vermacht.

Man verlässt die älteste Kirche Eiderstedts gewöhnlich durch die alte romanische, wenngleich veränderte Priestertür. Das Türblatt aus kräftigen Bohlen wurde 1728 gefertigt. Noch heute führt der Weg für jeden Pastor durch diese Tür. Welche Kontinuität in einer sich permanent wandelnden Welt! Ein kleiner Hinweis darauf, dass Gottes Wille kontinuierlich derselbe bleibt. Wie viele Pastoren haben ihn recht und schlecht ausgerichtet. Ungesegnet blieb ihr Dienst bis heute nicht.

An zwei Prediger wird die Erinnerung wachgehalten. Ein Porträtgemälde erinnert an Martin Nicolaus Hellmann (1729–1786), der von 1757 bis zu seinem Tode Pastor in Tating war. Besonders eindrücklich und bewegend aber ist die Gestaltung der Sandstein-Grabplatte für die Pastorenfamilie Ebio.

H. Jacobus Görritz ebio Pastor ist gestorben den XII. December anno 1698 im XXXXIIIten Jahr seines Alters und im XIX. Jahr seines Predigtampts./Fr. Elsabe Maria ebio Pastorin ist gestorben den XIX. December anno 1698 im XXXIIIten Jahr ihres Alters und im XVIII. Jahr ihres Ehestandes. Quer unter beiden: *Diese beide Eheleute sind an einem Tage begraben und mit nachgesetzten Grabschrift beehret von H.N.L.P.Z.S.P.* (wohl = Herrn Nicolai Laurentii Pator zu St. Peter). Danach folgt: *Hier haben zwey aus Lieb und Treu sich in den Tod gegeben, der Mann voran, die Frauw fortan ohn ihn nicht konte leben. Sie leben beid – in ewger Freud, der Todt kont sie nicht trennen, ein solches Paar ist warlich rar – Gott schikts, wir müssens cönen.*

H. Eberhardus ebio Pastor ist gebohren anno 1625 und gestorben anno 1700 den 2ten Aprilis. Fr. Elsabe ebio Pastorin ist gestorben den XVI. Jan. anno 1699 im XXXXXXVIIten Jahr ihres Alters und im XXXXII. Jahr ihres Ehestandes.

Dazu links die Grabschrift: *Der XXXXV. Jahr das Lehr und Trost Amt führte den Gott bey vielen Creutz mit Sieg und Segen zierte der geht mit Freuden fort aus diesem Jammerthal. Alt XXXXXXXV Jahr zum Himmels Freuden Mahl. So offt du siehst hiernecst mein Leser diesen Tempel so denck an diesen Mann an dieses rar Excempel und sprich: Herr Eberhard schlaff woll schlaff ruhig aus. Aus diesem geh hiernecst in jenes Gottes Haus.«* Daneben rechts: *»Ein weibliches Tugend Bild hoch von Verstand und Jahren ein Elter Muter die viel Wohl und Weh erfahren licht unter diesen Stein bey nah halb hundert Jahr hat ihre Eh gewähret Kinds Kindeskinder hat der Höchste ihr bescheret die wolberahten volgerathen sein. Sie starb ihr Ruhm stirbt nicht, ihr Tugendglantz geht an das Sternen Licht. Mein Leser glaube mir bleibt dir ein solcher Ruhm wie solche Frauen haben so mac man so wie sie mit Ehren dich begraben. – Mein Leser: Gott mit dir.*

TETENBÜLL

St. Anna

– gegr. um 1400,
erste Kapellengründung 1113 –

Kirchen haben ihre Eigenarten. Der Turm der Kirche, in seinen Ursprüngen noch gotisch (1491), kündet es von weitem. Allerdings verdient Tetenbülls Kirchturm kaum soviel Beachtung wie das Innere des Hauses, welches wahrhaftig einem Bilderbuch gleicht – ein beeindruckendes Erzählbuch des Glaubens. Die Besucher*innen befinden sich bei ihrem Eintritt sogleich unter einem bebilderten Himmel, dessen Reichtum ihnen nicht entgehen sollte. Nun – aufzuschauen macht manchem Mühe, der gängige Blick geht nach unten. Aber es lohnt, die Bilder an der Holzbalkendecke zu betrachten. Dazu liegen Spiegel im Eingangsbereich der Kirche, mit deren Hilfe man sich in die Bilder vertiefen kann.

Kirchenschiff mit Orgel und Nordempore

Unschwer zu erkennen ist, dass sich zwei Medaillons zwischen den Balken herausheben. Diese sind als einzige mit wieder freigelegtem Akanthuswerk versehen. Schaut man vom Altar in Richtung Westen, ergeben sich folgende Bilderpaare, in jedem Abschnitt von Nord nach Süd:

Mariae Verkündigung – Geburt Christi
Lukas 1, 26ff. – Lukas 2, 1ff.

Verkündigung an die Hirten – Beschneidung im Tempel
Lukas 2, 8ff. – Lukas 2, 21
Anbetung der Heiligen drei Könige – Simeon im Tempel
Matthäus 2, 1ff. – Lukas 2, 22ff.
Die Heilige Familie auf der Flucht – Der zwölfjährige Jesus im Tempel
Matthäus 2, 13ff. – Lukas 2, 41ff.
Taufe im Jordan – Versuchung Jesu
Matthäus 3, 13ff. – Matthäus 4, 1ff.
Hochzeit zu Kana – Verklärung auf dem Berg Tabor
Johannes 2, 1ff. – Matthäus 17, 1ff.
Einzug in Jerusalem – Jesus im Palast mit drei Bewaffneten
Matthäus 21, 1ff.
Gethsemane – Jesus vor dem Palast mit vier Bewaffneten
Matthäus 26, 36ff.
Jesus vor dem Hohenpriester – Jesus vor dem Palast
Matthäus 26, 57ff.
Kreuztragung – Christus allein
Matthäus 27, 32ff.
Auferstehung Christi – Gang nach Emmaus
Matthäus 28, 1ff. – Lukas 24, 13ff.
Der ungläubige Thomas – Berufung des Petrus
Johannes 20, 24ff. – Johannes 21, 15ff.
Christi Erscheinung vor den Jüngern – Himmelfahrt Christi
Lukas 24, 36ff. – Lk. 24, 50ff.
Pfingsten – Lehrberuf der Apostel
Apostelgeschichte (Apg.) 2, 1ff.
Heilung des Gelähmten – Petrus und Johannes vor dem hohen Rat
Apg. 3, 1ff. – Apg. 4, 1ff.
Gütergemeinschaft der Christen – Verfolgung der ersten Christen
Apg. 4, 32ff. – Apg. 8, 1ff.

Über der Orgel:
Saulus vor Damaskus – Kämmerer aus Äthiopien
Apg. 9, 1ff. – Apg. 8, 26ff.
Die Missionare Paulus und Timotheus – Paulus und Silas im Gefängnis
Apg. 16, 4ff. – Apg. 16, 23ff.

Deckengemälde, Berufung des Petrus

Die Malereien entstammen der Mitte des 18. Jahrhunderts, greifen aber stilistische Eigenheiten des späten 17. Jahrhunderts auf.

Ist man durchs Aufblicken über den Weg Christi und damit über den Kerngehalt des Neuen Testaments ins Bild gesetzt, lenke man das Auge auf die Nordempore von 1612/1613. Dort sind 30 Szenen aus dem Alten Testament in Bildern festgehalten, deren Entstehung in das Jahr 1654 fällt. Alle Bilder sind gerahmt von den Namen der Stifter, ihren Wappen und Hausmarken bzw. kirchlichen Symbolen. *Biblia pauperum* haben unsere Vorfahren eine derartige Bildfolge genannt: *Bibel der Armen.* In einer Zeit, in der die Masse des Volkes weder lesen noch schreiben konnte, dienten solche Bildwerke als eine Art Lesebuch, als Bilder-Fibel des Glaubens. Heute noch sei jedem Christen ein Gang durch die Tetenbüller Kirche zur Überprüfung seiner Bibelkunde empfohlen. Einen besseren und ausführlicheren Anschauungsunterricht zur biblischen Geschichte hat keine der Eiderstedter Kirchen zu bieten. Darum lohnt eine ausführliche Betrachtung. Von der Orgelempore angefangen geben die Bilder folgende biblischen Berichte wieder:

1. Elisas Totenerweckung
   2. Könige 2021
2. Elisa und die Bären
   2. Könige 2, 19–24
3. Elias feuriger Wagen
   2. Könige 2, 1–18
4. Das salomonische Urteil
   1. Könige 3, 16–28
5. Absaloms Tod
   2. Samuel 18
6. Bathseba im Bade
   2. Samuel 11, 2–27
7. David und Goliath
   1. Samuel 17
8. Simson mit den Stadttoren
   Richter 16, 1–3
9. Die eherne Schlange
   4. Mose 21, 4–9
10. Das goldene Kalb
    2. Mose 32
11. Mose in der Stiftshütte
    2. Mose 25
12. Mose schlägt Wasser aus dem Felsen
    4. Mose 20, 1–13
13. Durchzug durchs Rote Meer
    2. Mose 14
14. Passahlamm
    2. Mose 12, 1–28
15. Mose vor dem Dornbusch
    2. Mose 3, 1–15
16. Moses Geburt und Errettung
    2. Mose 2, 1–10
17. Josef und Potifars Frau
    1. Mose 39, 1–20
18. Josef wird verkauft
    1. Mose 37, 12–36
19. Jakob ringt mit dem Engel
    1. Mose 32, 23–33
20. Jakobs Himmelsleiter
    1. Mose 28, 10–22
21. Isaaks Opferung
    1. Mose 22, 1–19
22. Lot und seine Töchter
    1. Mose 19, 30–38
23. Turmbau zu Babel
    1. Mose 11, 1–9
24. Der trunkene Noah und seine Söhne
    1. Mose 9, 18–25
25. Die Ankündigung der Sintflut
    1. Mose 6, 13–8, 22
26. Hiob im Elend
    Hiob 1, 6–22
27. Esther vor dem König
    Buch Esther
28. Die Arche Noah
    1. Mose 7
29. Daniel in der Löwengrube
    Daniel 6, 1–29
30. Die drei Männer im Feuerofen
    Daniel 3, 1–30

Noch heute bietet das Studium dieser Bilder mehr als die kunsthistorische Erkenntnis, dass es sich dabei um Malereien in der Nachfolge niederländisch-deutscher Malerei des 16. Jahrhunderts

handelt. Sie führen Betrachter*innen und Leser*innen der biblischen Geschichte tief hinein in das Wesen Gottes und der Menschen.
Wohin der Blick fällt – in dieser Kirche besticht die Farbigkeit. An der Kanzel des Eiderstedter Typus aus dem Jahr 1575 wurde die barocke Bemalung freigelegt. Als einzige der Eiderstedter Kanzeln gibt sie sich in diesem Gewand. Ihre Reliefs zeigen die vier Evangelisten. Am Deckel erkennt man weibliche Masken bzw. Büsten biblischer Persönlichkeiten. Die Inschrift am oberen Rand des Kanzelkorbes enthält ein Wort aus dem 2. Korinther-Brief: *Wi. sin. Baden: I. Christus. Stede/Wente. Gott. Vormanft. Durch. Uns. 2. Cor.* (So sind wir nun Botschafter an Christi Statt, denn Gott vermahnt durch uns.). Am Kanzelsockel liest man die Widmung der Stifter: *Got. Und. Sinen. Hilligen. Predigtambt. thon Eren. Hebben. Selige. Jacob. Leikens und. Sind. Husfrow. Momme dusse. Stoel. Gegeben anno. Domini. 1575 den. 12. May* (Gott und seinem heiligen Predigtamt zu Ehren haben der selige Jacob Leiken und seine Hausfrau Momme diesen Stuhl geschenkt). Ein Wort aus dem 2. Buch Mose ist am Kanzeldeckel festgehalten: *An. Welcken Ordtick. Mines. Namens. Gedec/htnis. Stiften. werde/dar. Wil. Ick. Tho. Die Kamen/und. Di. Segenen. Exodi 20/* (An jenem Ort, an dem ich meines Namens gedenken lasse, da will ich zu dir kommen und dich segnen.).

Triumphkreuzgruppe

Vorzüglich restauriert (1979) stellt sich die spätgotische Triumphkreuzgruppe dar. Das Kruzifix fällt unter den sonstigen Triumphkreuzen Eiderstedts durch seine bemerkenswert reiche Gestaltung auf. Im Jahre 1725 wurde es mit dem hervorragend geschnitzten Akanthusschleier versehen, in welchen die verschiedenen Marterwerkzeuge eingefügt sind. Während die Entstehung des Christus-Corpus in die Mitte des 15. Jahrhunderts fällt, entstammen die Gestalten von Maria und Johannes dem frühen 16. Jahrhundert.

Mit Freude wird das Auge auch die beiden schön bemalten Logen im Altarraum wahrnehmen, die um 1762 entstanden und von denen die im Norden stehende eindeutig als Beichtstuhl ausgewiesen ist. Die Inschrift lautet: *Ich bekenne dir, Herr, mein Sünd und verhele meine Missethat nicht. Psalm 32V5* und *Gehe hin mein Sohn oder Tochter deine Sünde sind dir vergeben. Matth. 9V2.*

Aus dem Jahr 1672 stammen die Gestühlswangen und -türen mit ihren durch Rosetten verzierten Köpfen.

Besondere Beachtung verdient ohne Zweifel auch der 1982 restaurierte Altar, dessen Entstehung in das Jahr 1523 fällt. Seine Schnitzereien stehen der Brüggemann-Schule nahe. Die Szenen der Flügel sind wohl nach Vorbildern Brüggemanns gearbeitet. Im Jahre 1654 erhielt der Altar die seitlichen Anschwünge sowie die Bekrönung in bizarrem Knorpelwerk, aus dem sich die Figur des auf dem Regenbogen thronenden Weltenrichters sowie Engelsgestalten deutlich herausheben. Immer wieder loben Fachleute an diesem Werk die gelungene Verbindung von spätgotischen und frühbarocken Formen. Reine und gültige Stilarten stehen eben zueinander! Der Restaurator hat daher keine Veränderungen vorgenommen. So kommt sichtbarer Respekt vor der Geschichte zum Ausdruck. Im Einzelnen zeigt der Altar im Mittelfeld die Golgathaszene, im rechten Flügel Dornenkrönung und Christus vor Pilatus, im linken Flügel Geißelung und Kreuztragung. Zwei Altarflügel mit gut erhaltenen Gemälden wurden 1979 wiederentdeckt. Sie waren auf der Rückseite des Altarmittelfeldes angenagelt. Dies geschah vermutlich 1654, als

Altartisch und Sakramentsschrank

man die Seitenflügel feststellte und den Altar mit den barocken Anschwüngen versah. Die Bildflügel stellen dar: die Verkündigung an Maria (Lukas 1, 26ff.); die Weisen aus dem Morgenland (Matthäus 2, 1ff.); die Beschneidung Jesu (Lukas 2, 21); der zwölfjährige Jesus im Tempel (Lukas 2, 41ff.). Seitlich der Altarstufen stehen auch in dieser Kirche die Abendmahlsbänke. Sie entstammen dem Jahr 1697, stellen eine originelle Weiterentwicklung des Tönninger Typs dar und sind denen von Garding am nächsten verwandt.

Taufe, 1596

Nicht übersehen sollte man den spätgotischen Sakramentsschrank in der Nordwand des Chores, dessen äußere Tür in gotischen Buchstaben die Inschrift trägt: *Hir is in de Licham unses Herrn* (Hier befindet sich der Leib unseres Herrn; [gemeint: die Hostie]). In einer Zeit, in der im evangelischen Raum der Feier des Heiligen Abendmahls wieder vermehrt eine Bedeutung zukommt, bekommt man ohne Zweifel auch ein neues Verhältnis zur Geschichte des Sakraments und zum Wechsel und Wandel seines Verständnisses. Im Zeitalter der Ökumene erahnen wir in der Begegnung mit Christen aus aller Welt wieder etwas von der Vielfarbigkeit und Ausdrucksfülle des Sakraments des Heiligen Abendmahls.

Schier unerschöpflich ist der Reichtum der St.-Annen-Kirche. So findet der Taufstein in Eiderstedt nicht seinesgleichen. Seine Entstehung wird im Jahr 1596 vermutet. Er ist aus Sandstein gearbeitet und eindeutig westfälischer Herkunft. An den vier Seiten des noch gotisch profilierten Fußes sitzen vier Löwen, die Wappen tragen. Das Becken selbst trägt Reliefs der vier Evangelisten und vier Engelköpfe, die deutlich als Arbeiten der Renaissance erkennbar sind. Die Inschrift ist dem Titusbrief (3, 5) entnommen: *Got machet uns selig durch das Bad der Widergeburt und Erneuwe-*

rung des Heiligen Geistes, welchen Ehr ausgegossen hat über uns reichlich durch Jhesum Christum unseren Heilandt. Titu 3. Cap. Seltenheitswert in Eiderstedt besitzen auch die kleine spätgotische Figur des *Christus im Elend* sowie die derselben Zeit entstammende kleine Kreuzgruppe in Verbindung mit einer Tafel aus dem 18. Jahrhundert.

Besondere Beachtung verdient das Epitaph Drescher von 1654 als ein großartiges und bedeutsames Werk des Hochbarock (Werkstatt Claus Heim). Um das *Mittelgemälde der Himmelfahrt gruppiert sich ein kaum zu beschreibender, vielfältig nach allen Seiten ausspritzender Rahmen, in dem sich der elegante Knorpelstil der Jahrhundertmitte auf seinem Höhepunkt zeigt. (Lit. 5).* Bitte und Zusage Jesu verbinden sich mit diesem Bild: *Vater ich will daß wo ich bin, auch die sind, die du mir gegeben hast* (Joh. 17, 24) und *Ich lebe und ihr sollt auch leben.* (Joh. 14, 19). Im Rahmenwerk verteilt befinden sich fünf reizvolle ovale Porträts. Bekrönt wird das Prunkstück von einer Caritasfigur mit zwei Kindern. Ganz oben also die selbstlose Liebe!

Beim Verlassen der Kirche fällt der Blick auf den Orgelprospekt von Johannes Färber aus dem Jahr 1861. Unter der Orgelempore sind ein Schrank aus gotischer Zeit sowie eine mit schweren Eisen beschlagene Opfertruhe aufgestellt. Sollte man die Kirche verlassen, ohne an die Aufgaben zu denken, die die Christenheit heute zu erfüllen hat? *Wohlzutun vergesst nicht* und *Einen fröhlichen Geber hat Gott lieb* (Hebr. 13, 16 und 2. Kor. 9, 7).

Tönning

St. Laurentius

– gegr. um 1120 –

Unübersehbar und markant in der Landschaft beherrscht der Kirchturm das Stadtbild. Tönning ist nach bisherigen Forschungsergebnissen die erste Kirche in Eiderstedt mit einem Steinturm gewesen und hat damit sicher die Rolle eines Leitbaus in Eiderstedt gehabt. Der heutige Turmbereich gehört wenigstens mit den beiden unteren Geschossen zur romanischen Bauphase. 1978 wurden die Reste einer aus roten Klosterformatsteinen auf Feldsteinfundament gemauerten Halbrundapsis aus romanischer Zeit entdeckt, die wohl fast die Breite des Langhauses hatte. Dabei konnte auch *an der Basis der Apsisrundung der aus Backstein gefügte, etwa 2x1 m große und stark abgetragene Block des ehemaligen Hochaltars festgestellt werden. (Lit. 15).*

Die Tönninger Kirchengemeinde ließ es sich etwas kosten, als sie im Jahre 1706 durch den herzoglich gottorfschen Landesbaumeister Fischer einen neuen, barock geformten, dreistufig gegliederten Helm auf den romanisch-gotischen Turmstumpf setzen ließ. Fischer nahm dabei den Turm der Altonaer Hauptkirche zum Vorbild. Vermutlich kannte er dessen Erbauer, Jacob Bläser. Bis zum Jahre 1894, als der Schleswiger Dom seinen neugotischen Turm bekam, war der Tönninger Kirchturm der höchste des damaligen Herzogtums Schleswig. Noch heute ist er nicht nur schöner als der Schleswiger Domturm, sondern einer der schönsten in Schleswig-Holstein. Er stammt aus einer für Tönning bewegten Zeit. Während des Großen Nordischen Krieges erlebte Tönning im

Kanzel, 1703

Jahre 1700 ein grauenhaftes dänisches Bombardement. Dabei stürzte die Kirchturmspitze herunter. Dach und Decke des Kirchenschiffes wurden schwer beschädigt, ebenso die Wände und die Inneneinrichtung wie Epitaphien, Gestühl, Empore und Altar. Auch das Gewölbe des erst 1633 erstellten Chorraumes stürzte ein. Sehr schnell gingen die Tönninger an den Wiederaufbau. Was ist eine Stadt ohne das sichtbare Zentrum ihres Glaubens? Äußerlich sind die Spuren ihres Werdens und Wachsens, ihres Zerfalls und Wiederaufbaus deutlich abzulesen: romanische Ursprünge an der Nord- und Südwand (um 1200), die Fenster an der Südwand aus gotischer Zeit, der Chorraum in barocker Nachgotik und aus der Barockzeit der Turmhelm.
Tönnings Kirche ist zweifellos der repräsentativste Bau unter den

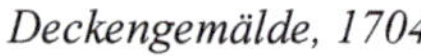

Deckengemälde, 1704

18 Eiderstedter Kirchen und die einzige, die einen Eindruck der Zeit des norddeutschen Barocks vermittelt. Verhaltene und schlichte Pracht tut sich auf, wenn man das Innere betritt. Der gesamte Innenraum ist von einer bretternen Segmentbogentonne überwölbt, die 1704 von Berthold Conrath aus Hamburg ausgemalt wurde und über das allgemeine Niveau der damaligen Zeit bei weitem hinausreicht. Mit reichem Akanthusdekor versehen zeigt sie im Einzelnen von Westen nach Osten folgende Darstellungen: musizierende Engel (über der Orgelempore), den Gottesnamen Jahwe (Mitte), Christus auf dem Berg Tabor und die Bergpredigt Jesu (Mitte seitlich), Engel (über der Taufe) und Fußwaschung mit der Jahreszahl 1704 über dem Altar. Bewusst einbezogen in das Deckengemälde wurde die Taufe von 1641, die im Jahre 1704 den herrlichen Deckel mit musizierenden Putten und der Gestalt Johannes des Täufers erhielt.
Barocke Pracht zeigt auch die Kanzel mit ihren üppigen Akanthusornamenten. Im Jahre 1703 wurde sie vermutlich von Hinrich Röhlke aus Hamburg erbaut. Gibt es in Norddeutschland eine schönere Barockkanzel? Auf dem Schalldeckel stehen die Figuren der vier Evangelisten sowie als Bekrönung Moses mit den Gesetzestafeln. Im Inneren des Schalldeckels findet sich ein Gemälde der Ausgießung des Heiligen Geistes. Mit der großartigen Kanzel verbindet sich der Name von Jürgen Ovens und seinem Vater; die Inschrift am Kanzelkorb weist deutlich darauf hin. Es mag interessant sein, einige Sätze aus dem Schluss der Predigt zu lesen, die am 11. November 1703 von Pastor Peter August Sievertz zur Einweihung der Kanzel gehalten wurde: *Und hiermit wollte ich nun meine erste Rede von dieser Stelle beschließen, wenn mich nicht noch ferner meine Schuldigkeit erinnerte, derselben dankbarlich und in Ehren zu gedencken, die von den Seegen, den Gott ihnen zugewandt, soviel dargereicht, daß diese Cantzel ohne Unkosten der Kirche so propre und zierlich hat mögen erbauet werden. Denn da haben zu derselben Erbauung ihre Mildtätigkeit sonderlich bewiesen, die nun im Glauben an Gott schon seelig verstorbenen Männer Herr Jacob und Herr Jürgen Ovens, Vater und Sohn, jener wohlverdienter Rahtsverwandter, dieser aber Deputirter Bürger dieser Stadt, und wo derselben Gaben nicht hat*

zureichen wollen, hat des sehl. Herrn Jürgen Ovens Ehe-Successor, Herr Jürgen Möller, höchfürstlicher Reise-Secretarius seine Liberalität sehen und diese Cantzel völlig ausbauen lassen. Der Herr vergelte ihnen diese Wohltat ... (Lit. 17). In die Zeit der Entstehung der Kanzel gehören auch die Türen des Gemeindegestühls mit schönen Akanthusschnitzereien. Drei Pastorenbilder erinnern an die große Zahl der hier tätig gewesenen Prediger. Sie zeigen: Johannes Moldenit, der von 1630–1653 in Tönning amtierte und 1633 aus vier Präsentierten zum Propst von Eiderstedt gewählt wurde; den in Tönning geborenen Jacobus Richardi, der von 1680–1693 tätig war (man beachte den üppig geschnitzten Rahmen); Georg Salchow, von 1768–1772 Pastor in Tönning, gebürtig auf der Insel Rügen.

Aus der Blütezeit des Barock stammen drei bemerkenswerte Gemäldeepitaphien, unter denen das der Familie Ovens aus dem Jahre 1691 ein bedeutender Schatz der Kirche ist. Dieses Gemälde, in dem prachtvollen Rahmen von Hinrich Röhlke aus Hamburg, enthält nämlich im Mittelfeld ein Bild (Die heilige Familie mit Elisabeth und dem kleinen Johannes) des berühmten Malers Jürgen Ovens. Einem Wunsch von Ovens entsprechend haben die Kinder von Jürgen und Marie Ovens das Epitaph dem Andenken ihrer Eltern gewidmet, wie die Inschrift aus dem Jahre 1691 erkennen lässt. Der Seltenheitswert dieses Epitaphs wird insofern noch gesteigert, als mit ihm ein Selbstbildnis Jürgen Ovens (ca. 1650) und ein Bild seiner Frau verbunden sind. Glücklicherweise wurden die Gemälde bei der Beschießung Tönnings im Jahre 1700 nicht vernichtet, wenngleich schwer beschädigt. Den Besucher*innen der Kirche sei sehr empfohlen, sich mit der Biographie von Jürgen Ovens näher zu befassen. *(Lit. 19).*

Im Jahre 1704 entstand das Epitaph Claus Reyer. *Dem Heyligsten Gott zu Ehren, dieser Kirchen zur Zierde, und ihm selbsten zum guten andenken, hat dieses Epitaphium setzen lassen Herr Claus Reyer Eltester Bürgermeister hie selbst. Anno 1704.* Im ovalen Mittelfeld zeigt es die Auferstehung Christi, gerahmt von Figuren der Tugenden Hoffnung und Glaube sowie den liegenden Engeln mit Marterwerkzeugen und der Siegesfahne. Der goldene Reiher auf rotem Grund ist Inhalt des Wappens und zeigt

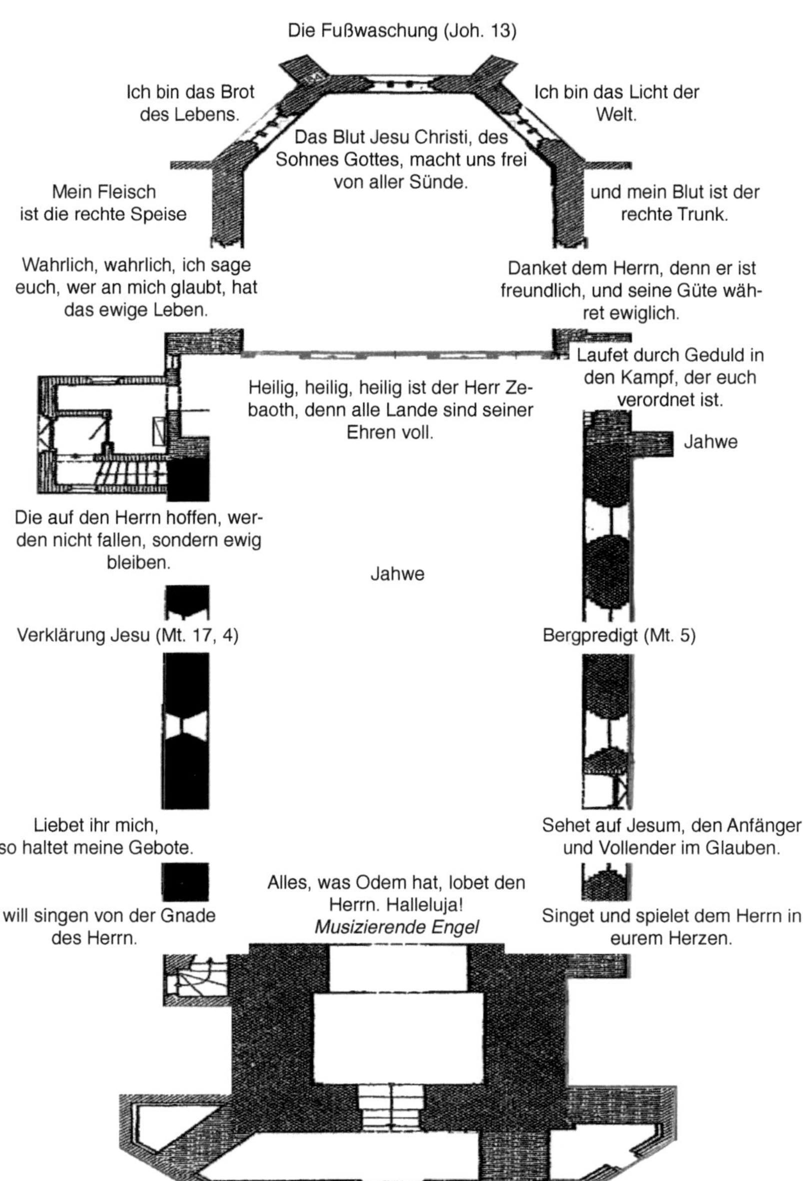

Bildprogramm Tonnengewölbe (von Ost nach West bzw. oben nach unten auf dem Grundriss)

Taufdeckel, 1704

zugleich den in Eiderstedt heimischen Vogel.

Berthold Conrath verdankt die Kirche das Gemälde vom Jüngsten Gericht. Die Inschrift besagt: *Gott zu Ehren, der Kirchen zur Zierde und zum andencken des letzten Gerichts hat dieses Epitaphium setzen lassen Hans Jürgens Rathsverwandter und Kirchen-Eltermann. Anno 1707.* Das Bedenken des letzten Gerichts hat er offenbar für wichtiger gehalten als das Gedenken an ihn selbst. Das geschieht selten.

Der Zeit vor der Zerstörung entstammt im Wesentlichen auch der Prospekt der großen Orgel, der in seinem Ursprung auf das Jahr 1682 zurückgeht. Der ursprüngliche Teil des Prospektes setzt sich seit dem Orgelneubau 1978 deutlich von den 1902 hinzugefügten Seitenteilen ab. Das einst von Joachim Richborn erbaute Werk, welches einen ersten Orgelbau aus dem Jahre 1593 ablöste, ist in der turbulenten Geschichte der Tönninger Orgel gänzlich verschwunden. Hinter den historischen Prospekt wurde 1978 ein neues Werk gesetzt. 42 klingende Register verteilen sich heute auf drei Manuale und Pedal. Damit besitzt Tönning als langjähriges Zentrum der Kirchenmusik in Eiderstedt die größte Orgel der Landschaft.

Wenngleich das Jahr 1700 für Tönnings Kirche einschneidende Veränderungen brachte, so finden sich doch zahlreiche Spuren aus der vorangehenden Zeit. Immerhin blieb die spätgotische Triumphkreuzgruppe (ca. 1500) erhalten, ferner der Altar mit den dazugehörigen Abendmahlsbänken von 1634, der Emporenlettner von 1635 sowie der bereits erwähnte Taufstein aus dem Jahre 1641.

Der Altar, stattlich dreigeschossig aufgebaut, vereinigt in sich sehr gute Gemälde des Abendmahls, der Kreuzigung und der Auferstehung. Leider ist über den Meister der Malereien nichts bekannt. Man ist der Ansicht, in dem Mann mit dem Federhut hinter dem Kreuz des guten Schächers das Selbstporträt des Malers vor sich zu haben. *Bei einer Erneuerung 1740/41 wurden im späten üppigen Akanthusstil die seitlichen Anschwünge aller Geschosse sowie die reiche Bekrönung und sieben freiplastische Figuren – vier Evangelisten, zwei Tugenden (Hoffnung und Glaube) und ein Posaunen-Engel – hinzugefügt, die den ursprünglichen Aufbau nicht ungeschickt zu einem geschlossenen Aufbau zusammenschließen. (Lit. 5).*

Die seitlich des Altars stehenden Abendmahlsbänke laden ein niederzuknien. Sie stellen wohl den Archetypus aller späteren Abendmahlsbänke in Eiderstedt dar.

Ein besonderer Blick muss dem Emporenlettner gelten, der dem Kirchraum zweifellos in besonderer Weise sein eigentümliches Gepräge gibt. Es ist der einzige in Eiderstedt erhaltene Lettner. Er hatte in katholischer Zeit die Funktion, die Geistlichkeit von den Laien zu scheiden, war also wirklich trennendes Element. In nachreformatorischer Zeit kam ihm in erster Linie die Aufgabe zu,

Deckengemälde, Tetragramm JHWH

Platz für die um die Kanzel sich scharende Gemeinde zu schaffen. Zweifellos wird der Lettner heute von etlichen Besucher*innen als hemmendes Element empfunden. Man soll der Gemeinde den Blick auf den Altar nicht verbauen. Zum anderen jedoch soll sich die Gemeinde dem Altar respektvoll nähern, erlebt sie doch hier im Sakrament die Gegenwart des Herrn. Der Lettner schafft also den gebührenden Abstand und fordert zugleich auf, die Nähe Christi im Sakrament zu suchen.
Im Umgang mit dem Raum waren unsere Vorfahren unbefangener. Wir sind heute stärker geneigt, Gewordenes zu respektieren und die Spuren der Geschichte nicht zu verwischen. Der Lettner hat und behält daher seinen festen Platz. Im Stil der Schnitzereien lehnt er sich ganz an den Altar an. 33 Messingdocken, die die Namen der Stifter tragen, zieren die Lettnerwand. Dem aufmerksamen Betrachter werden die Trägerfiguren, Masken und Engelsköpfe sowie die reich verzierten Sockelfriese nicht entgehen, die die Empore zieren. An der östlichen Emporenwand weist eine Inschrift nicht nur auf die spätere Verbreiterung nach Osten hin, sondern auch auf die Zerstörung der Kirche und den Willen einzelner, das Gut der Kirche zu bewahren und zu erhalten. *Gott zu Ehren und zu Reparirung dieser durch feindliche Bomben und Geschütz anno 1700 sehr ruinirten Kirchen sodann su Stiftung eines guten Andenckens hat Fraw Maria Thomsens ein tausend Marck Lübisch aus christlicher Liebe gesteuret.* Die herrliche Empore trägt seit 1739 eine einmanualige Orgel, die der Rath- und Lehnsmann Peter Tetens stiftete. Sie ermöglicht nicht nur, an zwei Orgeln zu konzertieren, sondern auch das gottesdienstliche Musizieren abwechslungsreicher zu gestalten.
Nach Nordwesten hin wurde die Empore im Jahre 1635 durch den ehemaligen Predigerstuhl fortgeführt. Später fand dieser als Gestühl des Kommandanten der Festung Tönning Verwendung. Stifter und Erbauer dieses Gestühls ist Peter Ellerhusz (s. Inschrift). In ihm darf man wohl auch den Erbauer des Lettners, der Altarschnitzereien und der Abendmahlsbänke vermuten. Außerordentlich beachtlich ist, dass Altar, Abendmahlsbänke und Empore während der Zeit des Dreißigjährigen Krieges erbaut wurden. Man darf annehmen, dass die Kirche in den Jahren, als die kaiserlichen

Riffelbild, Kreuzigung und Auferstehung, 1739

Truppen in Schleswig-Holstein einbrachen, sehr stark gelitten hatte und die entstandenen Schäden durch die umfangreichen Arbeiten beseitigt werden sollten.

Es ist gut, daran erinnert zu werden, dass die kostbaren Arbeiten in Not- und Kriegszeiten entstanden sind. Christliche Gemeinde lässt sich nicht entmutigen! Sie vergisst nicht, wer der Herr der Kirche ist, und weiß, dass die Welt die Predigt der Versöhnung und des Friedens braucht.

In die schöpferischen Jahre während des Dreißigjährigen Krieges gehört auch der wundervolle Taufstein aus dem Jahr 1641 aus schwarzem Marmor. Er ist eine Stiftung der Schuhmacher Broder und Toepy Peters und wurde vom Bildhauer Hans Ochs geschaffen, ein Werk voller Eleganz und Feinheit in den Darstellungen. Die Hausmarke der Peters sowie das Schusterwerkzeug sind in einem der Reliefs erhalten. Die Themen der trapezförmigen weißen Alabasterreliefs sind: Geburt, Beschneidung, Taufe Christi, die Kindersegnung (Markus 10, 13ff.) und Jesus im Gespräch mit Nikodemus über das Thema der Wiedergeburt (Johannes 3).

Das älteste Ausstattungsstück dürfte das Chorgestühl mit den

Beichtlogen sein, das um 1590 entstanden ist und 1633 in den neuen Chorraum übernommen wurde. Im Jahr 1921 wurden die Inschrifttafeln der Kriegerehrung darin eingelassen. Man beachte auch die in die Wand eingelassenen Sakramentsschränkchen mit den Relieffiguren des Erlösers (Salvator) und des Petrus.
Der Kirchraum von Tönning spiegelt ein Stück bewegter und bedeutsamer Eiderstedter Geschichte wider, ein Jahrhundert schwerer kriegerischer Auseinandersetzungen, in welchem die Stadt Tönning unendlich gelitten hat. 1627 wurde ein Drittel aller Häuser zerstört. Vom 26. April bis zum 4. Mai 1700 wurden z.B. nach einem Originalbericht etwa 6000 Bomben auf die Stadt geworfen. Die Kirche aber blieb Mittelpunkt, der Glaube bewährte sich und die Liebe zur Kirche fand immer neu sichtbaren Ausdruck – bis heute.
Seit 1982 und 1988 zieren die beiden barocken Kronleuchter die Kirche (Nachbildungen des Leuchters in der Kirche zu Kotzenbüll).
Bevor man die Kirche verlässt, sollte man sich – wenn möglich – noch einmal davon überzeugen, wer der Herr der Kirche ist, der solche Liebe weckt. Im sehr gut restaurierten Turmraum (Erdgeschoss) hängt ein barockes sog. Riffelbild. Von links betrachtet ist die Kreuzigung, von rechts betrachtet die Auferstehung Jesu Christi zu sehen.
Die barocke Spielerei macht sichtbar, was dem Verstand nicht einleuchtet und wovon doch die Kirche bis heute lebt: vom auferstandenen Gekreuzigten. Man kann sich drehen und wenden, wie man will: Der Gekreuzigte bleibt der Auferstandene!

UELVESBÜLL

St. Nikolai

– gegr. um 1300, Neubau 1854 –

Große Anziehungskraft besitzt die Uelvesbüller St. Nikolai-Kirche nicht: Zum einen liegt sie abgelegen in der Nordostecke Eiderstedts, zum anderen bietet ihr Äußeres keinen besonderen Reiz. Jedoch sollte man Vorsicht walten lassen, zu schnell von dem äußeren Eindruck auf den inneren zu schließen; denn hier warten wirklich Überraschungen. Gewiss, das Äußere ist schmuck- bis einfallslos. Aber wo kein Geld ist, sind keine großen Sprünge zu machen. Im Jahre 1854 musste die alte, turmlose Kirche wegen Baufälligkeit abgerissen werden. Sie war nach 1300 erbaut und soll eine Eichentür vom um 1300 untergegangenen Rungholt gehabt haben. Immer wieder hatte die Kirche unter ihrer Lage unmittelbar am Meer hinter dem ursprünglichen Außendeich zu leiden. Erst 1962 brandeten bei der Sturmflut die Wellen an diesen Deich, so dass der 1937 vorgelagerte neue Deich brach. Etwas von der notvollen Geschichte spiegelt sich auf der aus dem Jahr 1568 stammenden Glocke (jetzt als Leihgabe im Martje-Flohrs-Haus in Garding) wider, die die Inschrift trägt: *nu help uns got uth aller not.* Die Uelvesbüller Kirche ist neben der Ordinger die einzige, die in ihrer äußeren Gestalt an die großen Opfer erinnert, die Meer und Wind gefordert haben.

Nun, auch mit dem äußeren Gesicht der Kirche ist man schnell versöhnt, wenn man sieht, wie sich die untergehende Sonne in den Fenstern der Südfront spiegelt, und die Idylle von Deich, Kirche und Friedhof auf sich wirken lässt. Keine Kirche hat ihren Friedhof in so unmittelbarer Nähe zum Deich.

Man fahre also nicht vorüber, der mit einem Tonnengewölbe versehene Saalbau entlohnt reichlich.

Zwei Inventarien verdienen besondere Beachtung. Der qualitäts-

Taufe, um 1400

vollste Taufstein der Halbinsel ist hier zu finden. Wie die klassischen Eiderstedter Taufsteine ist er aus Namurer Kalkstein gefertigt. Man beachte die herrliche Form und die am oberen Rand des achteckigen Beckens befindlichen Skulpturen. Sie erinnern in ihrer Schönheit und Gediegenheit an bedeutendste Schöpfungen der Steinmetzkunst aus romanischer und gotischer Zeit und halten einem kritischen Vergleich mit ihnen stand. Sie stellen vier verschiedene Symbolfiguren dar, die für die vier Flüsse im Paradies oder für die vier Himmelsrichtungen stehen könnten.

Nicht weniger beachtlich ist das einzige in Eiderstedt befindliche holzgeschnitzte Epitaph. Es entstammt dem Jahre 1591 und ist in die Kunstgeschichte eingegangen als das *Volckmarsche Epitaph.* Im Mittelfeld ist der Gekreuzigte mit den knienden Stiftern abgebildet, einem Mann, einem Kind und zwei Frauen in Tracht. Diese Darstellung der Eiderstedter Tracht ist sehenswert! Im Hintergrund dieser Familie unter dem Kreuz ist unter Sonne und Mond eine Stadt mit reizvoller Renaissancearchitektur zu sehen. Die Inschrift lautet: *AO 1586 den 5. Nov. sindt die erbaren Konneke Pilstickers und ihre Tochter Margareta H. Johann Volckmars dieser Kirch Pastorn Hausfrawe, den 26. Januarii AO 89 in den Hern entschlafen* (1586 sind die ehrbare Konneke Pilstickers und am 26. Januar 1589 ihre Tochter Margarete, die Frau des Pastors dieser Kirche, H. Johan Volckmar in dem Herrn entschlafen.). Sie ist geteilt durch das Wappen der Pilstickers – drei Muscheln und zwei Pfeile. Seitlich auf den Sockeln der Säulen erkennt man zwei weitere Wappen (rechts eine Dornenkrone, Nagel, Herz und HIV, links eine Frau in Tracht mit Schlüsselbund und MV), die als Wappen von Johann Volckmar und dessen Frau erkenntlich sind. Die

Epitaph Volckmar, 1591

geschnitzten Zitate lauten: *Christus ist umb unserer Sunde willen dahingegeben und umb unser Gerechtigkeit willen aufferweckt* (oberes Bild) und *Christus hat unser Sunde selbs geopffert an seinem Leibe auf dem Holtz. 1. Petri am 2.* (unteres Bild). Vermutet

Lesepult

wird, dass der Sohn des Pastor Volckmar das Schnitzwerk zu Ehren seines verstorbenen Vaters um die Ädikula ergänzte. Sie zeigt im Mittelfeld ein Auferstehungsrelief, darüber Gottvater in Wolken. – Zu den Kostbarkeiten dieses Gotteshauses gehört auch ein zauberhaftes spätgotisches Lesepult mit fein geschnitztem, durchbrochenem Maßwerk.

Triumphkreuzgruppe, um 1520

Es ist wohl dem glücklichen Umstand totaler Armut der Kirchengemeinde Uelvesbüll zu verdanken, dass beim Neubau 1854 die gesamte Innenausstattung erhalten blieb. Der dänische König Friedrich VII. ließ eine Kollekte für den Bau ausschreiben, mit deren Ertrag die Kirche innerhalb eines halben Jahres fertiggestellt wurde. Zum Dank benannte die Kirchengemeinde ihre bisherige St.-Nicolai-Kirche in Friedrichskirche um. Die Rückbesin-

nung erfolgte genau 110 Jahre später. Eine durchgreifende Renovierung, welche die nur noch teilweise vorhandene ursprüngliche Konzeption des Raumes gänzlich beseitigte und dem Raum sein jetziges Aussehen gab, war mit einer erneuten Namensänderung verbunden. Der Bezug zum Heiligen Nikolaus wurde wiederhergestellt, zeigt doch der Altar neben der Heiligen Barbara als der Heiligen der Baukunst den St. Nikolaus als den Schutzpatron der Seefahrer. Unverkennbar ist die Gestalt in Bischofstracht im Mittelfeld des Altars. Sämtliche Altarfiguren wurden im Jahre 1964 in einen nach gotischen Maßen gearbeiteten Schrein gestellt. Es sind Reste eines spätgotischen Altars (um 1520), die z.Zt. eine pseudobarocke Farbgebung tragen. In seiner Schlichtheit ist dieser Altar von starker Wirkung. Das neben der Tür zum Kirchenschiff hängende Abendmahlsbild (Öl auf Holz/18. Jh.) stammt übrigens von der ehemaligen Altarpredella.
Die Besucher*innen werden bei ihrem Rundgang zwar bedauern, dass diesen Schätzen kein adäquater Raum entspricht, sie können sich aber dennoch an dem übrigen Reichtum von St. Nikolai erfreuen. Bei weitem zu wenig beachtet ist die vorzüglich restaurierte, überdurchschnittlich wertvolle Kreuzgruppe aus dem 16. Jahrhundert, die Ähnlichkeit mit der in St. Peter zeigt. Aus Platzgründen musste sie an der Nordwand des Kirchenschiffes befestigt werden, obwohl sie der Gemeinde vor Augen hängen sollte. Wir versuchen ansonsten hoffentlich nicht, Christus auf die Seite zu bringen, sondern ihn als das Haupt der Gemeinde zu predigen. Seit 1672 geschieht dieses von der in der Südostecke des Raumes befindlichen Kanzel. Die Jahreszahl *ANNO 1672* verteilt sich auf die vier Brüstungsfüllungen, die, im Ohrmuschelstil gearbeitet, die Tugenden Fides, Caritas, Spes und Patentia (Glaube, Liebe, Hoffnung, Geduld) zeigen. Das fünfte Brüstungsfeld ist nicht erhalten. – Dem schlichten Kanzelkorb entspricht ein sechsseitiger Deckel von schönem Ebenmaß, der die lateinische Inschrift trägt: *Exalta vocem tuam instar tubae et annuncia populo scelera. Esai 58.* (Erhebe deine Stimme und rufe wie eine Posaune und verkündige meinem Volk seine Übertretungen. Jesaja 58, 1). Ein hartes, aber notwendiges Wort, das sicher zu keiner Zeit gern gehört wurde! Ob hier noch die Erfahrungen des Dreißigjährigen Kriegs

nachklingen? Es lohnt, auch in dieser Kirche stille zu werden und sie reden zu lassen. Wer dabei in die Knie gehen möchte, kann es auf den Abendmahlsbänken von 1707 tun, die mit reichem Akanthusschnitzwerk geziert sind. Vor dem Verlassen der Kirche sollte der Blick noch dem neugotischen, nicht klingenden Orgelprospekt gelten, hinter dem die einzige in Eiderstedt noch erhaltene und voll spielbare pneumatische Orgel (Firma Marcussen und Sohn/Apenrade 1910) steht.

Man möge die Besichtigung schließlich mit einem Gang um die Kirche beenden und dabei zwei Grabmalen an der Ostwand Aufmerksamkeit schenken, die aus grauem Sandstein gearbeitet sind. Auf der Vorderseite befindet sich unter Sanduhr und Totenkopf mit gekreuzten Schenkelknochen das Inschriftenrelief. Vielleicht regen diese und andere Exemplare einer versunkenen Friedhofskultur zu mehr künstlerischem Schaffen in der heutigen Zeit an. Leider entbehren oft teuer bezahlte Grabsteine jeder gestalterischen Idee. Vielleicht müsste man sich doch zu Lebzeiten mit seinem Leichenstein beschäftigen. Prachtexemplare der Vergangenheit zeigen, dass aus Stein lebendige Verkündigung werden kann, die Tod und Leid trotzt.

VOLLERWIEK

St. Martin

– gegr. wohl 1113 –

Wer wissen will, was das Kirchlein von Vollerwiek schon alles mitgemacht hat, lese in der Eiderstedter Chronik unter dem Jahr 1461 nach. Am 30. Juni – einen Tag nach Peter und Paul – wurde der Staller über Eiderstedt, Everschop und Utholm, Jon Jonsson, auf dem Marktplatz in Garding ermordet. Auf der Flucht nach Dithmarschen suchten die Mörder Jonssons Zuflucht in der kleinen Vollerwieker Kirche. Um ein Haar wäre diese bei der Belagerung in Flammen aufgegangen.
Eiderstedt trauerte damals um einen Mann, *der ohne Schuld erschlagen* war und *unsere Dreilande in gutem Frieden und Recht innerhalb und außerhalb des Landes gehalten (hatte), wie niemals zuvor in diesen Dreilanden in gleicher Weise Frieden und Recht gewesen war, aber er war sehr streng gegen die Übeltäter, die er*

Triumphkreuzgruppe, 1663

Kanzel, 1586/87

nicht schonte, auch wenn sie Verwandte seines eigenen Blutes waren. (Lit. 8). Der Staller Tete Fedderken wurde sein Nachfolger.

Man träume sich nur nicht zu schnell in die guten alten Zeiten zurück. Blutrache herrschte in Eiderstedt bis ins 15. Jahrhundert. Nicht nur daraus ist ersichtlich, wie dringend die Verkündigung des Evangeliums ist. So gehe man dankbar auch über die Schwelle dieses Hauses und freue sich an dem Reichtum der kleinen Kirche. Ihre Anfänge reichen bis in das Jahr 1113 zurück. Deutliche Spuren der romanischen Zeit sind an den Fenstern, den bei der letzten Restaurierung freigelegten Wandmalereien am Chorbogen sowie dem vermauerten Nordportal zu erkennen. Ungeklärt ist, ob die halbrunde Apsis noch aus dieser Zeit stammt oder späteren Ursprungs ist. Im Jahre 1888 jedenfalls ist das Kirchlein nach Westen hin noch einmal verlängert worden.

Kanzeldeckel

Besondere Beachtung verdient die Kanzel, die 1586/1587 erbaut wurde und eine interessante Abwandlung des Eiderstedter Typs ist. Mit Korb, Schalldeckel, Treppe und Tür stellt sie ein stattliches Werk der Renaissance dar. In den fünf Brüstungsfeldern sind dargestellt (von rechts nach links): die Erschaffung Adams, der Sündenfall, die Ankündigung der Geburt Jesu, die Taufe und Kreuzigung Jesu.

Johannes, der Lieblingsjünger (Triumphkreuzgruppe)

Die Inschrift im oberen Schriftband lautet: *Wo Leflick sindt de Vothe der Baden de dar Frede vorkundigen. Esa 52. Ano 1586 den 21. Junii* (Wie lieblich sind die Füße der Boten, die den Frieden verkündigen), im Sockelfries: *Doeht Bote und gelovett an dat Evangelim. Mar an den 1. Cap.* (Tut Buße und glaubt an das Evangelium. Markus 1). Der Schalldeckel trägt die Inschrift: *Gi sindt idt nicht de dar rede, su(n) der iuwes Vaders Geist isset de dorch iuw redet. Mat. 10* (Denn ihr seid es nicht, die da reden, sondern eures Vaters Geist ist es, der durch euch redet. Matthäus 10, 20). Älter als die Altäre in Kotzenbüll und Witzwort ist der gotische Schnitzaltar dieser Kirche (um 1460). Im Mittelfeld zeigt auch er eine sehr figurenreiche Kreuzigung. Hier sind es 26 Personen. – Wer sich auf das Zählen der Figuren der Eiderstedter Altäre verlegen will, wird ein reiches Feld vorfinden. Hierüber liegt bis heute keine Statistik vor. Fest steht nur, dass der figurenreichste Altar in der Witzworter Kirche steht.

In den Seitenflügeln des Vollerwieker Altars stehen die Figuren der zwölf Apostel (Matthäus 10, 2 nennt ihre Namen). Fast alle tragen ihre Attribute noch bei sich. Temperamalereien des 17. Jahrhunderts zieren die Außenflächen der Seitenflügel: Abendmahl, Geißelung, Christus vor Kaiphas, Grablegung. Auf den Doppelflügeln sind die vier Evangelisten zu erkennen, jeweils am Tisch sitzend, lesend oder schreibend. Seitlich des Altars stehen die sehr bescheiden gehaltenen Abendmahlsbänke aus dem Jahr 1663. Aus ihrem Entstehungsjahr stammt auch die Triumphkreuz-

gruppe mit dem dazugehörigen Balken und den Stützen, ursprünglich wohl einem Lettner zugeordnet. Ebenfalls auf das Jahr 1663 zurück gehen die wenigen erhaltenen Gestühlswangen. Die Taufe ist in gotischer Pokalform gearbeitet. Es ist unschwer zu erkennen, dass auch sie Import aus Namur ist, genauso wie die Taufsteine in Tating, Uelvesbüll und Witzwort.
Die reiche Zeit Eiderstedts hat auch in dieser Kirche für eine komplette Ausstattung gesorgt. So entstammt der Beichtstuhl dem Jahr 1665.
Besonderes Augenmerk sollte man aber auf die Westempore, insbesondere den Nordflügel lenken. Sie entstand im Jahr 1615 und zeigt wertvolle Malereien im Stil des niederländischen Romanismus. Dargestellt sind: die Erschaffung Evas, der Sündenfall, die Verkündigung, Geburt und Taufe Christi. Zahlreiche Inschriften geben Aufschluss über die Stifter dieses Emporenwerks. Ihre Namen stehen in der großen Kette derer, die bis heute an ihrer Kirche hängen und sichtbare Zeichen ihrer Liebe zur christlichen Kirche setzen. Unter den Bildwerken der Kirche achte man ferner auf die beiden Brustbilder der Reformatoren Luther und Melanchthon – erstaunlich gute Kopien von Bildern des Lucas Cranach aus der Zeit um 1600 – sowie auf fünf Gedenktafeln aus den Jahren 1759–

Nordempore, 1613

1779, die folgende biblische Bezüge beinhalten: an der Südwand des Kirchenschiffes: Christus im Hause der beiden Marien (Lukas 10, 42 – kein Stiftername); Erweckung des Jünglings zu Nain (Lukas 7, 11ff. – Pauls, ohne Jahresangabe); der Prophet Elia von Engeln gestärkt (1 Kg. 19, 6–8 – Peters 1760); an der Südwand des Chorraumes: Geburt Christi (Lukas 2, 1ff. – Bischoff 1773); an der Nordwand des Chorraumes: Ecco homo (Joh. 19, 5 – Petersen 1779).

Familiengeschichte steht in enger Verbindung zur Geschichte Jesu Christi und ist nicht voneinander zu trennen – auch unter diesem Gesichtspunkt lohnt ein Gang durch die Eiderstedter Kirchen. Denn die Kirche möchte auch heute helfen, unser Leben ins richtige Licht zu setzen. Dabei kann der aus der Kenntnis des Glaubens erwachsene Reichtum vergangener Generationen ein belebendes Element sein.

Welt

St. Michael

– gegr. um 1113 –

Die Kirche in Welt ist eng verknüpft mit dem Titel einer Vortragsreihe, die jährlich in den Monaten Juli und August dort stattfindet: die Sommerkirche Welt. 1977 wurde ihr diese besondere Aufgabe zugewiesen, nachdem sie zehn Jahre für den gottesdienstlichen Gebrauch geschlossen gewesen war. Geschlossene Kirchen aber sind unvertretbar. Kirche ist ihrem Wesen nach offene, einladende Kirche.
18 Eiderstedter Kirchen reizen dazu, programmatisch mit ihnen umzugehen! Die Welter Kirche versteht sich als Denkanstoß: Kirche als weiten Raum erlebbar zu machen, den Glauben und das Leben in ihrer Vielfalt zur Sprache zu bringen. Dem dienen Andacht, Meditation, Vortrag, Musik, Schauspiel, Kunstausstellun-

Kanzel, Figur eines Evangelisten

gen und wechselnde Bildfolgen.

Orgel

Das Kirchenschiff, von Bänken befreit, lässt Freiraum zu verschiedensten Formen der Begegnung. Mehr und mehr ist diese Kirche zum Treffpunkt für Einheimische und Gäste geworden und ist zugleich der gottesdienstliche Raum. Der Kirchraum selber hat sein ursprüngliches Gesicht kaum verändert. Unverrückt stehen Altar, Taufe, Kanzel und Orgel an ihrem jeweiligen Platz, durchaus reizvolle Inventarstücke, wenngleich die Welter Kirche nicht zu denen gehört, denen ein besonderer Reichtum an Ausstattung beschieden war.

Dennoch spricht auch diese Kirche eine typische Eiderstedter Sprache. Der Altar entstammt jenem Kreis von Künstlern der Renaissance, der sich um Marten van Achten sammelte, und ist um 1600 entstanden. Das Thema des Mittelfeldes teilt er mit den Altären in Oldenswort und Poppenbüll. Im Aufbau und in der inhaltlichen Anordnung der Gemälde ist dieser Altar mit dem in Poppenbüll identisch. Die einzelnen Gemälde auf den Bildflügeln zeigen innen die Taufe Christi und die Kreuzigung sowie außen die Beschneidung und die eherne Schlange. Im Giebel ist ein kleines Bild der Auferstehung zu sehen, seitlich davon stehen Putten mit Marterwerkzeugen.

Der Blütezeit der Eiderstedter Kultur entstammt auch die Kanzel, 1578 erbaut, aber 1756 im sogenannten Akanthusstil verändert und barock überformt. Zeichen der Barockzeit sind der Schalldeckel, die Kanzeltür sowie die derben und grob geschnitzten, unproportionierten Evangelistenfiguren, die an Stelle alter Reliefs

Taufe, 1521

stehen. Erhalten ist noch die alte Inschrift aus dem Römerbrief: *Godt heft idt alle beslaten under dem Ungelove up dat he sick aller erbarme. Rö. XI* (Denn Gott hat alle beschlossen unter den Unglauben, auf dass er sich aller erbarme. Römer 11, 32). Die hebräische Inschrift über der Kanzeltür ermutigt den Prediger: *Mein Wort wird nicht leer zu mir zurückkommen, spricht der Herr.* (Jesaja 55, 11).

Zwei weitere Inventarien sind bemerkenswert: die Sandsteintaufe (1521) und der Orgelprospekt. Unter den steinernen Taufen hebt sich die Welter Taufe dadurch heraus, dass sie als einzige am äußeren oberen Rand eine lateinisch-plattdeutsche (!) Umschrift in gotischen Minuskeln trägt: *anno domini dusent CCCCC unde XXI.*

Der zweigeschossige Rokokoprospekt der Orgel, 1847 aus der Klosterkirche in Itzehoe übernommen, ist vermutlich zwischen 1750 und 1780 entstanden und stellt in Eiderstedt ein Unikum dar. Sämtliche ansichtigen Pfeifen sind Holzimitation. Hinter dem Prospekt verbirgt sich ein 1898 von der Fa. Sauer und Sohn/Frankfurt an der Oder erbautes und in den Jahren 2001 und 2007 von der Firma Scheffler/Sieversdorf restauriertes pneumatisches Werk. Es wurde einst gestiftet von Johann Magnus Tetens.

Eine andere Reminiszenz besonderer Art ist ein Gemälde, das der ehemalige Welter Pastor Detlev Adolph Möllenhoff (1699–1774, s. Porträt) aus der 1748 abgerissenen Tönninger Garnisonskirche ankaufte. Es zeigt Christus mit der Weltkugel und entstammt dem Anfang des 18. Jahrhunderts.

Besondere Aufmerksamkeit verdient der Beichtstuhl im Altarraum aus der Zeit um 1650, der an der Westseite ein kleines vergittertes Fenster enthält. Ungebrochen hatte sich bis dahin die Ohrenbeichte gehalten. Man kann davon ausgehen, dass die innerhalb des Kirchenraumes geübte persönliche Beichte in Eiderstedt erst im 19. Jahrhundert außer Gebrauch kam, eine Folge der Aufklärung. Die Nachwirkungen sind im evangelischen Raum bis heute zu spüren. In der protestantischen Kirche ist an dieser Stelle ein großes, bisher unerledigtes Kapitel nachzuarbeiten und zu bewältigen. – Beichte als lebensnotwendige Aussprache bleibt unverzichtbar.

Eingang, Christusmosaik

Um die Mitte des 17. Jahrhunderts entstanden auch der Sakramentschrein an der Nordseite des Altarraumes, der Opferstock und der herrliche Kronleuchter im Schiff der Kirche. In der Landschaft Eiderstedt ist dieser Leuchter einzigartig. Er trägt als Bekrönung den Doppeladler, das Zeichen der Gelbgießerzunft und gilt dem Typ nach als *Danziger* Leuchter. Ursprünglich konzentrierte auch in dieser Kirche eine Kreuzgruppe den Blick auf Christus, den Herrn der Kirche. Erhalten sind davon lediglich die Beifiguren Maria und Johannes, allerdings in völlig entstellender Farbgebung (18. Jh. ?).

Die größte äußere Veränderung erhielt die Welter Kirche 1898 durch die Errichtung des Turmes als Ersatz für das einstige hölzerne Glockenhaus – eine Stiftung von Magnus Abraham Pauls. Das über dem Eingangsportal eingefügte Mosaik lädt ein zur Begegnung mit Jesus, dem menschenfreundlichen Herrn der Kirche. Denn mit allem, was in seinen Mauern geschieht, möchte auch dieses Gotteshaus, dessen Anfänge in das 12. Jahrhundert reichen (s. Profilierung der Rundbogennische an der Nordwand), auf den Einen hinweisen, der von sich gesagt hat: *Ich bin der Weg, die Wahrheit und das Leben* (Joh. 14, 6). Also willkommen: *Siehe, ich habe vor dir gegeben eine offene Tür.* (Offbg. 3, 8).

WESTERHEVER

St. Stephanus

– gegr. um 1200, Turm 1370, Neubau des Kirchenschiffes 1804 –

Unweit des Außendeiches und der markanten Leuchtturminsel liegt auf hoher Warft die Kirche von Westerhever. Man fühlt sich hier fast schon in die Halligwelt versetzt. Vielleicht hat sich kein Ort Eiderstedts so lange seine Eigenart bewahren können wie dieses ganz im Nordwesten vorpostenartig gelegene Dorf. Die Geschichte weiß von sturmerprobten Vorfahren in der Seefahrt zu berichten, die sich gegen Seeräuber zu wehren verstanden. Ihre Gegner, z.B. die Wogemannen, sind noch heute dort in aller Munde.

Das älteste äußerlich sichtbare Zeichen der langen und oft schweren Geschichte des Dorfes am Meer ist Eiderstedts ältester Kirchturm. Er wurde im Jahre 1370 erbaut und ist im Wesentlichen in seiner ursprünglichen Form erhalten, wenn auch stark geflickt.

Nur acht Jahre vor seiner Errichtung traf Eiderstedt eine furchtbare Flut. Am 16. Januar 1362 ereignete sich *die allergrößte Mandränke. Damals ertranken die meisten Menschen der Uthlande. Damals verzogen sich die Wogemänner zuerst aus dem Gebiet von Nordstrand. Sie wurden vertrieben von dem mächtigen Staller Ingwer, einem Staller, der über alle Uthlande herrschte. Das geschah wegen ihrer großen Untaten. Sie fuhren hinüber nach Westerhever und bauten dort eine große Festung, die man die Wogemannsburg nannte. Sie stahlen und raubten dort alles, was sie haben wollten. (Lit. 8).* Die Westerheveraner rächten sich an den Wogemännern. Und *als die Westerhever wieder bedeicht wurde und auch eine Kirche wieder gebaut wurde, da erbauten sie das alte Pastorat an der Stelle, wo die Wogemannsburg gestanden hatte. (Lit. 8).*

Der Turm hat alle weiteren Unbilden des Meeres überstanden. Das

Taufe, 12. Jh.

Taufengel, um 1800

alte Kirchenschiff wurde jedoch 1804 abgerissen und durch einen bescheidenen, längsrechteckigen Backsteinsaalbau ersetzt. In ihm bewahrt die Gemeinde den ältesten Zeugen ihrer Geschichte und damit wohl christlicher Geschichte in Eiderstedt überhaupt, den romanischen Taufstein aus Sandstein (12. Jahrhundert). Beachtenswert an der geraden Wandung der becherförmigen Kuppa ist der breite Rankenfries mit Lilien. Weniger bemerkenswert, aber dafür ein typisches Zeichen der barockbewegten, ländlichen Schnitzkunst um 1800, ist der Taufengel, der in den ausgestreckten Händen eine Messingschüssel in einem Lorbeerkranz trägt (restauriert 2019).

Bewahrt aus alter Zeit wurde die Kanzel aus der Spätrenaissance (Anfang des 17. Jahrhunderts), die auf ihren geschnitzten Reliefs

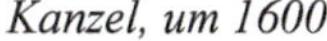

Kanzel, um 1600

Altarbild, Die Heilige Familie, Kopie nach van Dyck, Jakob Alberts

Geburt, Auferstehung und Himmelfahrt Christi zeigt. Die früheste Reminiszenz über Entstehung und Veränderung der Kanzel ist das Einhorn-Wappen von Hermann Hoyer, der im Jahr 1593 seinem Vater Caspar als Staller folgte. In der Kirchenchronik wird 1619 als Jahr der Entstehung genannt.

Hinter dem jetzigen Altar an der Ostwand deuten ionische Säulen und der Dreiecksgiebel noch auf die Anlage eines Kanzelaltars aus dem Jahr 1804 hin, der in den 1960er-Jahren beseitigt wurde. Während die Kanzel an die Südwand rückte, wurde über dem Altarblock ein Gemälde angebracht, das eine Kopie des Bildes *Die Heilige Familie* von van Dyck darstellt. Das Original befindet sich in der Münchener Pinakothek. Die Kopie fertigte der Westerheveraner Kunstmaler Jakob Alberts (geb. 30. Juni 1860) an, der in der Geschichte der Malerei als der eigentliche Entdecker der Halligen gilt und dessen künstlerische Bedeutung unbedingt Beachtung verdient. Er liegt auf dem Friedhof in Westerhever begraben. Auf dem Altar steht das älteste Leuchterpaar Eiderstedts aus romanischer Zeit und seit ca. 1805 ein Kruzifix, dessen Christusgestalt romanisierende Züge trägt. Im übrigen sei erwähnt, dass etliche wertvolle Ausstattungsstücke dem Umbau von 1804 zum Opfer fielen. Andererseits erfuhr die Kirche in jüngster Zeit eine wesentliche Bereicherung ihrer Ausstattung: Sie erhielt 1983 eine neue Orgel.

Auch diese kleine Kirche, die auf den Besucher vielleicht am stärksten den Reiz einer alten Dorf- und Halligkirche ausübt, verlockt also zu einer näheren Beschäftigung mit ihrer Geschichte. Man sollte sie nicht verlassen, ohne die Teile des Gestühls zu betrachten, die aus dem Jahre 1673 stammen.

Bevor man von der hohen Kirchwarft herabsteigt, lasse man den Blick noch einmal in die Weite gehen. Dabei weht einem meistens der Wind gehörig um die Nase. Möge in unseren Kirchen nicht weniger frischer Wind wehen, die reinigende Luft des Geistes Gottes.

WITZWORT

St. Marien (?)

– gegr. ursprünglich 12./13. Jahrhundert –

Die Kirche ist nicht zu übersehen. Auf der höchsten Warft des Dorfes gelegen geht die Bevölkerung auf ihren täglichen Wegen buchstäblich rund um die Kirche.
Dem aufmerksamen Besucher entgeht nicht, dass zwei unterschiedliche Baustile hart aufeinanderprallen. An der Stelle des neugotischen Chorraumes stand bis 1898 einer der herrlichen Chorräume aus romanisch-gotischer Zeit. Man hielt ihn damals für baufällig und beseitigte ihn. Konnten sich vorangehende Generationen schneller von überkommenen Gütern trennen?
Es ist traurig aber wahr, dass wohl in keinem Jahrhundert so viele Schätze aus Eiderstedter Kirchen verloren gingen wie im 19. Jahrhundert; Schätze, die die Jahrhunderte überdauert hatten. Zeichen der Sorglosigkeit oder für ein im Zuge der Aufklärung zerbrochenes Verhältnis zu Gottesdienst und Gotteshaus? Die Beantwortung ist schwierig. Möglicherweise hatte man ein ungebrocheneres Verhältnis zur eigenen Gegenwart und war unkritischer gegenüber Zeitgeschmack und Zeitgeist. Man darf jedenfalls froh sein, dass der Reichtum in Eiderstedt nicht mehr sprichwörtlich war, sonst hätten wir womöglich noch größere Verluste zu beklagen. Aber waren wir insgesamt in den Nachkriegsjahrzehnten vorsichtiger im Umgang mit Geschichte und Tradition? Die Betonung der Denkmalpflege in heutiger Zeit mahnt uns jedenfalls zu erhalten, zu bewahren und Geschichte und Tradition für die Gegenwart lebendig zu machen, sich mit dem Alten, Bewährten und Überkommenen einzurichten und darin neue Wege zu wagen. Die Witzworter haben sich an den Chorraum aus neugotischer Zeit gewöhnt. Sie müssten heute nach Tating fahren, wenn sie den Typus ihres ursprünglichen Altarraumes erleben wollten.

Kirchenschiff und Chorraum

Die übrigen Eingriffe des vorigen Jahrhunderts in die bauliche Substanz, vor allem die Gestaltung der Portale, wirken erträglich. Erspart geblieben ist der Kirche der Anbau eines neugotischen Turmes im Westen der Kirche, der zweifellos den Abriss des hölzernen Glockenturmes aus dem Jahr 1631 zur Folge gehabt hätte. Zudem sind Türme eine große finanzielle Belastung. Ursprünglich waren nur zwei der Eiderstedter Kirchen mit einem Turm versehen (Tönning um 1200; Garding um 1260). Unsere Vorfahren hatten sich möglicherweise hinsichtlich der Baulasten ähnliche Gedanken gemacht wie wir, wenngleich sich in der jeweiligen Bauweise natürlich vorrangig das Lebensgefühl des Menschen abbildet. Die Romanik ging z.B. nie so hoch hinaus wie die Gotik!
Nun, der Besucher wird reich belohnt, wenn er das Innere der Kirche betritt. Den Vorraum zieren gute Porträts. Je zwei Bilder in gleichem Rahmen weisen darauf hin, dass diese Gemeinde wie viele andere durch Jahrhunderte hindurch zwei Pastoren besaß, den Hauptpastor und den Diakon, der als zweiter Pastor das sogenannte Diakonat bewohnte (das älteste Diakonat Eiderstedts, aus dem Jahre 1572, ist in Garding erhalten, während in allen anderen Gemeinden die Diakonate verkauft wurden). Die Sitte, verdiente Pastoren porträtieren zu lassen, hatte ihre Blüte im Barock

Altarfeld, Auferstehung, um 1500

erreicht. Heimatgeschichtlich sind diese Porträts z.T. von erheblicher Bedeutung. So ist von Pastor Petrus Koch beispielsweise bekannt, dass er in einen der reichen Höfe Witzworts einheiratete. Zum anderen wurden die Porträts von bedeutenden Künstlern der Heimat gefertigt. Kein geringerer als Carl Ludwig Jessen (1883–1917) porträtierte den Pastor Haustedt. Das Porträt von Pastor Heinrich Eggers, der als erster Pastor allein in Witzwort (1892–1924) amtierte, malte Albert Johannsen (1890–1975), bedeutender Porträt-, Kirchen- und Landschaftsmaler Schleswig-Holsteins. Die ungewöhnlich große Anzahl der Pastorenbilder weckt die Erinnerung daran, dass Witzwort eine der begehrtesten Pfründen der einstigen Schleswig-Holsteinischen Landeskirche war.

So wird man schon im Vorraum hineingenommen in einen weiten Horizont, der kirchen-, heimat- und kulturgeschichtlich von großem Reiz ist. Man mag auch angesichts der Pastorenbilder nachdenken über Wechsel und Wandel im Pastorenamt. Was waren das für Zeiten, als für 800 Gemeindemitglieder zwei Pastoren bereitstanden, ein seelsorgerlicher Idealfall. Hineingeführt über die Bilder, die stellvertretend für die vielen Prediger des Evangeliums stehen, erwartet die Besucher*innen ein Raum von eindringlicher Klarheit. Faszinierend der farbenreiche Altar, ein spätgotischer Schnitzaltar, dessen Entstehung man den Jahren 1500–1520 zuordnet und der wohl kompositorisch der Brüggemann-Schule zugerechnet werden kann. Der Altar wurde in Anlehnung an die gotische Fassung 1898 farblich neu gefasst (restauriert 1996). Der Klappschrein ruht auf der Predella, die die zwölf Apostelgestalten enthält. Auf der Kunde der Apostel von Christus fußt die Verkündigung der christlichen Kirche! Ohne Zweifel ist der Altar in Witzwort der figurenreichste unter den Altären Eiderstedts und in der Darstellung besonders dramatisch und ausdrucksstark.

Altar, um 1500

Das Mittelfeld steckt wie die Seitenfelder voller Details, die ein sorgfältiges Betrachten lohnen. Man beachte z.B. die Teufelsgestalt in der oberen rechten Ecke des Mittelfeldes zum Zeichen dessen, dass der eine Schächer am Kreuz blind für Gott und fern von ihm ist. Oder man nehme die Engelsgestalt in den Blick, die dem sterbenden Christus den Kelch reicht zum Zeichen, dass hier Gott am Werk ist und sein Wille geschieht. Die Inschriften zwischen den seitlichen Feldern weisen auf eine Restaurierung des Altars im Jahre 1654 hin.

Die Seitenfelder behandeln jeweils das der Kreuzigung vorangehende bzw. nachfolgende Geschehen: Jesus vor Pilatus, der seine Hände in Unschuld wäscht (man beachte die Teufelsgestalt in der Nische seines Thrones!) und die Geißelung (linker Bildflügel) sowie die Grablegung und die Auferstehung (rechter Bildflügel).

Klappt man die Flügel des Schreins zu, ergibt sich mit den Rückseiten der Flügel und den weiteren Doppelflügeln ein Bildaltar, der aus acht Gemäldetafeln besteht, die im Einzelnen folgende Darstellungen tragen: Verkündigung, Geburt, Beschneidung, Taufe, Abendmahl, Gethsemane, Golgatha, Auferstehung. Die Malereien gehen auf das Jahr 1678 zurück und verarbeiten Elemente gotischer Malerei, der van Achten-Schule und venezia-

nischer Kunst. – Rechts und links der Altarstufe stehen seit ca. 1700 die Abendmahlsbänke, die den Gardinger Kniebänken sehr ähnlich sind.
Über dem Altar ist eine Kostbarkeit angebracht, ein Kruzifix aus der Zeit des Übergangs von der romanischen zur gotischen Stilepoche. Dieses Kreuz, das ursprünglich möglicherweise als Vortragekreuz fungierte oder aber in vorreformatorischer Zeit einem weiteren Altar zugeordnet war, ist eines der ältesten der sich in Schleswig-Holstein befindlichen Kruzifixe. Es fällt auf, dass der Gekreuzigte eine Königskrone trägt, eine in der Romanik übliche Form. Der Gekreuzigte wird als Sieger und Überwinder dargestellt; Passion und Ostern sind zwei Seiten ein und desselben Geschehens und werden in eins gesehen. Beachtenswert ist auch das an der Nordostwand des Kirchenschiffes hängende Kreuz, ebenfalls aus dem frühen 14. Jahrhundert. Reste alter Bemalung sind an ihm nicht erhalten, sie wurden bei einer Restaurierung zu Beginn des 20. Jahrhunderts zerstört. Der auf die Naturholzfassung zurückgeführte Corpus Christi hängt an einem Kreuz mit stilisierten Blättern, sinnfälliger Ausdruck dafür, dass vom Gekreuzigten neues Leben ausgeht. Leider sind die Beifiguren Maria und Johannes der ursprünglich vollständigen Triumphkreuzgruppe nicht mehr erhalten. Das Kreuz hat aber in seiner klaren Zuordnung zur Taufe einen neuen Bezugspunkt erhalten, der für sich spricht. Zudem stehen damit zwei der ältesten Inventarstücke in enger Beziehung.
Der Taufstein aus Namurer Kalkstein gehört mit den Taufsteinen von Uelvesbüll und Kotzenbüll zu den ältesten dieser Art in Eiderstedt. Untrügliche Kennzeichen des Herkunftslandes zeigen sich in der Gestaltung der am oberen Rand angebrachten Plastiken (Damen in burgundischer Tracht, Eulenspiegel, Herr in Pelzmütze). Die Eulenspiegelfigur ist ein deutlicher Hinweis darauf, dass Gott durch Christus aller Narretei des Menschen ein Ende gesetzt und *die Weisheit dieser Welt zur Torheit gemacht* hat (1. Kor. 1, 20).
Bis ins Detail hinein ist die christliche Botschaft in Stein und Holz verarbeitet. Aus profunder Kenntnis der biblischen Wahrheit haben Künstler und Handwerker in früheren Jahrhunderten gestal-

tet und geformt. Darum beachte man sorgfältig die Kleinigkeiten, sie erschließen oft die wesentliche Aussage eines Gegenstandes.

Kanzel, 1583

Der Taufe gegenüber steht das Prunkstück Eiderstedter Kanzeln aus dem Jahre 1583. Auch hier wirkte Eiderstedts berühmtester Staller Caspar Hoyer als Stifter mit. Es findet sich an der Kanzel aber auch das Wappen des Pastors Laurentius Atzen, der von 1581–1603 in Witzwort tätig war und dessen Körperlänge über zwei Meter betrug. Der auffällig hohe Kanzelkorb soll darauf zurückzuführen sein. Seit dieses Werk 1965 restauriert wurde, bietet es sich in ursprünglicher Gestalt und Fassung dar. Keine fremde Zutat, kein entstellendes Moment ist zu erkennen. Die Reliefs verraten eine künstlerisch besonders versierte Hand. Keine weitere Kanzel Eiderstedts ist mit so kunstvollen Schnitzereien versehen wie diese. Vier Reliefs mit biblischen Themen bilden den Schwerpunkt der Aussage: Sündenfall und eherne Schlange (4. Mose 21), Kreuzigung und Auferstehung. Zwischen den Feldern mit Darstellungen aus dem Alten und Neuen Testament befindet sich ein Relief, das einen Baum mit einer zur Hälfte leblosen und entlaubten, zur anderen Hälfte mit einer belebten und belaubten Krone zeigt. Eine Adamsgestalt fordert den Betrachter geradezu auf, sich zu entscheiden, welchen Weg er gehen will, den Weg des Gesetzes oder den des Evangeliums, den Weg der Sünde und des Todes oder den Weg der Wahrheit und des Lebens. Die untere Inschrift hilft denn auch zur Deutung: *Dat Gesette ist dorch Mosen gegeben – de Gnade unde Wahrheit ist dorch Jesum Christum. Jo. 1.* (Das Gesetz ist durch Mose gegeben, die Gnade und Wahrheit durch Jesus Christus. Joh. 1, 17). Das obere Schriftband lautet: *Unde Gelick alse Moses in der Wostenie eine Schlange vorhoget heft, also moth des Minschen Sone vorhoget werden* (und wie Moses in der Wüste eine Schlange erhöht hat, so muss des Menschen Sohn erhöht werden).

Von dem großen Ebenmaß des Gesamtwerkes zeugt auch der Schalldeckel, der die Stilelemente der Renaissance in eindrücklicher Weise präsentiert. Er trägt die Inschrift: *Gelick alse se in Adam alle sterven also werden se in Christo alle levendich gemaket werden, Cor. 15* (Denn gleichwie sie in Adam alle sterben, so werden sie in Christus alle lebendig gemacht werden. 1. Kor. 15, 22). Wer den Eiderstedter Kanzeltyp in bester Form erleben will, darf an der Witzworter Kanzel nicht vorübergehen.

Direkt neben der Kanzel hängt ein Druck der Künstlerin Gisela Mott-Dreizler. Traumhaft schön stellt er Jakobs Himmelsleiter dar. Man sollte sich unbedingt einen Augenblick Zeit nehmen für die Details.

Der Blick sollte schließlich auch auf die beiden Epitaphien fallen. Das erstere ist ein Werk Marten van Achtens und der Familie Mummens zum Gedächtnis gesetzt. Wegen der Trachten, die die dargestellten Personen tragen, findet es viel Beachtung.

Epitaph Mummens, Kreuzigung, 1591

Gegenwärtig besteht noch wenig Aufschluss darüber, in welchem Zeitraum bzw. bei welchen Gelegenheiten die Eiderstedter Tracht getragen wurde. Hier sind der Heimatforschung noch genügend Aufgaben gegeben. Das andere Epitaph erinnert an einen Schulmeister der Vergangenheit. Es zeigt die Kreuzigung mit Maria und Johannes. Die Inschriften lauten: *En homo quae pro te patitur tormenta redemptor et potes auctoris non meminisse tui?* (Mensch, welche Qualen hat der Erlöser für dich erlitten, und du kannst dich deiner Urheberschaft nicht erinnern?) und *Anno 1617 den 28. Januarii ist der erbar un gelarter Aeschylus Pauli dieses Caspels in die 36 Jhar gewesener fleisiger Schulmeister und Küster, selich in dem Herr entschlaffen seines Alters 63 Jhar. Godt verliehe ihm eine fröliche Aufferstehung am jungsten Tag.* Mit diesem Epitaph möge zugleich der vielen Schulmeister gedacht sein, die in unseren Dörfern durch die Jahrhunderte gewirkt haben.

Mit der Gedächtnistafel von 1769 lassen wir uns auch an die politischen Verantwortungsträger erinnern. Der Name Ove Babens verbindet sich mit einem der bedeutendsten Rath- und Lehnsmänner, Kirchen- und Amtsvorsteher, der, wie die Tafel besagt, den *Mannsboden und das Uhrgehäuse, die Taufe und das gesamte Gestühl* hat anmalen und vergolden lassen. Die Aufgabenstellungen für Kirche und Kommune wechseln. Aber beide bemühen sich auch heute um gute Kooperation zum Wohl der Bevölkerung, vor allem auf sozialem Sektor. Der Kirche in Eiderstedt wuchsen nach dem Zweiten Weltkrieg viele soziale Aufgaben zu: Kindertagesstätten, ambulante Pflegedienste, Hospizdienst und eine Einrichtung für Menschen mit Beeinträchtigungen zeugen u.a. davon.

Man wird beim Verlassen der Kirche den Eindruck eines in seiner Aussage bestechend klaren und wohltuend schlichten Raumes nicht vergessen. Ihr jetziges Gesicht erhielt die Kirche anläßlich der Renovierung 1965. Als Relikt der neugotischen Ausstattung blieb der nicht klingende Orgelprospekt zurück, hinter dem sich das Instrument verbirgt. Doch sollte der Blick zuletzt nicht dem Orgelprospekt, sondern dem Altar gelten. Wer ihn bewusst gesehen hat, wird ihn so schnell nicht wieder vergessen, möglicherweise sogar wiederkommen, um sich ihm erneut zuzuwenden oder einen Gottesdienst in seiner Nähe und vor ihm zu erleben.

St. Peter

St. Ulrich

– 1958/1978 –

Nach dem 2. Weltkrieg, am 1. April 1946, wurde in St. Peter-Ording die katholische Kirchengemeinde St. Ulrich gegründet. Vor dieser Zeit lebten nur vereinzelt Katholiken in Eiderstedt. Anfänglich feierte die vorwiegend aus Heimatvertriebenen bestehende Gemeinde den Gottesdienst in verschiedenen Privathäusern, bis sie 1958 in die neuerbaute Kirche einziehen konnte.

Die St. Ulrich-Kirche hat seit ihrer Erbauung zwei Veränderungen erlebt: Im Jahre 1968 wurde der Innenraum der Kirche neu gestaltet, 1978 wurde sie zu einem großzügigen Gemeindezentrum erweitert. Seit diesem Umbau umfasst sie die ursprüngliche Hauptkirche, der eine Werktags- oder Winterkirche angegliedert ist. Durch die Erweiterung entstand zudem ein Saal, der wie die Kapelle zur Hauptkirche hin geöffnet werden kann.

Die Figur des Hl. Ulrich ziert die Vorhalle der Kirche. Sie stellt eine Kopie der Plastik des Hl. Ulrich im Augsburger Dom dar. Das Original entstammt dem 14. Jahrhundert. Nicht von ungefähr trägt die Kirche ihren Namen. Der Heilige Ulrich gilt als Helfer bei Überschwemmungen und Sturmfluten. Aus diesem Grunde wird er meist mit einem Fisch dargestellt. Eine Reliquie des Hl. Ulrich wurde der Gemeinde im Jahre 1977 geschenkt. Sie wird sichtbar im Altar der Kapelle aufbewahrt.

Wer die Kirche betritt, wird gefangengenommen von den sehenswerten farbigen Glasfenstern, die Darstellungen des Alten und Neuen Testaments zeigen, einzigartig in Eiderstedt. Von ihnen geht eine starke atmosphärische Wirkung aus. Der linke Seitenfries enthält folgende Erzählungen des Alten Testaments: Es wird Licht (1. Mose 1) – Adam und Eva (1. Mose 2) – Vertreibung aus dem Paradies (1. Mose 3) – Kain und Abel (1. Mose 4) – die Arche Noah (1. Mose 7f.) – der Turm von Babel (1. Mose 11) – Abrahams Berufung (1. Mose 12) – Abraham und Melchisedek (1. Mose 14) – Sara vor dem Zelt – Abraham und die drei Männer (1. Mose 18) – Isaaks Opferung (1. Mose 22).

Buntglasfenster, 1978

Der linke Seitenfries stellt folgende biblische Geschichten dar: Isaak segnet Jakob (1. Mose 27, 27–29) – Jakobs Traum (1. Mose 28, 12–17) – Josefs Rock (1. Mose 37) – die Träume Josefs (ebd.) – Josef im Gefängnis (1. Mose 39, 19ff.) – Josefs Stellung am Pharaonenhof (1. Mose 41ff.) – der Zug durchs Schilfmeer (2. Mose 13–14) – die zehn Gebote (2. Mose 20) – Elia am Bach Krith (1. Mose 17) – der Prophet Jona (Buch Jona).

Das große Südfenster befasst sich mit Erzählungen des Neuen Testaments: der vertrocknete Feigenbaum (Matthäus 21) – die Versuchung Jesu (Matthäus 4) – Jesus am Jakobsbrunnen (Johannes 4) – die Taufe Jesu (Matthäus 3, 13–17/Johannes 3, 28–32) – Petri Fischzug (Lukas 5) – Jesus wandelt auf dem See (Matthäus 14) – Gethsemane (Matthäus 26) – Tempelreinigung (Matthäus 21) – der arme Lazarus (Lukas 16) – die Heilung des Gelähmten (Markus 2) – die Auferweckung des Lazarus (Johannes 11) – der Weg nach Emmaus (Lukas 24). In der Mitte des Fensters: der Stammbaum Christi mit dem Löwen von Juda (Jesaja 11).

Schließlich zeigen die Marienfenster in der Kapelle links: Marias Besuch bei Elisabeth, Mitte (Lukas 1, 39ff.) – die Verkündigung der Geburt (Lukas 1, 26) – die Geburt Jesu mit Anbetung der Hirten und Weisen (Lukas 2/Matthäus 2) – die Namensgebung Jesu

(Lukas 2, 21) – Jakob ringt mit Gott (1. Mose 32); rechts: Christ im All; Mitte – Jesus im Tempel (Lukas 2, 41ff.) – die Flucht nach Ägypten (Matthäus 2, 13ff.) – die Hochzeit zu Kana (Johannes 2) – das Pfingstwunder (Apostelgeschichte 2) – der Moloch oder das Goldene Kalb unserer Zeit – der Sieg des Gekreuzigten und das himmlische Jerusalem (Offenbarung 21).
Außer den wundervollen Glasmalereien beeindruckt auch das große Altarkreuz an der Stirnseite der Kirche mit den biblischen Bildern in Hinterglasmalerei. Wie auch die anderen Glasfenster wurde es geschaffen von Erich Schickling.
Die Themen der vier größeren Felder sind folgende: Thomas legt dem Auferstandenen die Finger in die Seite (Johannes 20); Moses Stab wird zur Schlange (4. Mose 21); der apokalyptische Reiter mit dem weißen Pferd und dem blutgetränkten Gewand (Offenbarung 19); der barmherzige Samariter (Lukas 10). Das Altarkreuz hat das Bernstein-Siegeskreuz ersetzt, welches nun die Kapelle ziert. Dort befindet sich auch der ebenfalls mit Bernstein verzierte Tabernakel.

St. Paulus Tönning

Einweihung der Kirche 1972 – ein Raum aus unserer Zeit, eine Insel mitten im Verkehr und dem Hin und Her der Menschen. Der nahe gelegene Schienenkörper erinnert daran. 48 Jahre später erfolgte am 18. November 2020 der Abschied. Die Kirche wurde entweiht.

Anhang

Die Namen der Heiligen

Garding St. Christian, flandrischer Heiliger, Stammesheiliger der Eiderstedter. Sie nahmen ihn als Schutzheiligen mit sich in die Schlacht und wollten sein Standbild im Falle des Sieges mit reinem Gold beschlagen lassen. Nach dem erfolgreichen Kampf gegen den dänischen König Abel auf dem Königskamp bei Oldenswort 1252 erfüllten sie ihr Gelübde. Bis zur Einführung der Reformation in Eiderstedt befand sich eine Tragefigur dieses Heiligen in der Gardinger Kirche.
St. Bartholomäus, Apostel
Darstellung: mit kurzem Haupt- und Barthaar, in der rechten ein Messer, mit dem er geschunden worden sein soll, in der Linken ein Buch.
Gedenktag: 24. August.
St. Maria Magdalena, von ihr wird in Lukas 8, 2 berichtet. Wir begegnen ihr unter dem Kreuz Jesu, häufig den Kreuzstamm umfassend. Auch in der Auferstehungsgeschichte wird sie genannt.

Katharinenheerd St. Katharina, Märtyrerin 307 unter Kaiser Maxentius, vermutlich zwischen 305 und 312 gestorben. Eine von den 14 Nothelfern. Hochverehrt im Mittelalter.
Darstellung: ursprünglich mit zerbrochenem Rad, Buch, Schwert, Palme oder Krone. Das ursprüngliche Kirchensiegel von Katharinenheerd zeigt sie mit gesenktem Schwert in der erhobenen rechten Hand und mit einem Rad, von der linken Hand gehalten.
Gedenktag: 25. November.

Kating St. Laurentius s. Tönning

Koldenbüttel St. Leonhard, flandrischer Heiliger. Verehrt vorwiegend in Österreich, Bayern und Schwaben.
Darstellung: in schwarzer Mönchskutte mit Kette und Abtstab.
Gedenktag: 6. November.

Kotzenbüll St. Nikolai, s. Uelvesbüll

Oldenswort St. Pankratius, griechisch = der Allmächtige. Einer der 14 Nothelfer, der erste der drei *Eisheiligen.* Wahrscheinlich unter Kaiser Diokletian enthauptet (394).
Darstellung: als Jugendlicher mit Schwert und Palme.
Gedenktag: 12. Mai.

Ording St. Nikolaus, s. Uelvesbüll

Osterhever St. Martin, Bischof, um 316 in Szombathely (Ungarn) geboren. Der Legende nach teilte er als römischer Offizier seinen Soldatenmantel mit einem frierenden Bettler vor dem Stadttor von Amiens. 351 wurde er getauft, 361 gründete er ein Kloster bei Poitiers. 373 erfogte die Wahl zum Bischof von Tours. Der Legende nach soll er sich, um der Würde zu entgehen, in einem Gänsestall versteckt haben. 375 gründete er ein Kloster in Marmontier an der Loire. Auf einer Missionsreise am 8. November 397 gestorben.
Darstellung: meist auf weißem Pferd sitzend in römischer Soldatenkleidung dargestellt, wie er mit einem Bettler seinen Mantel teilt, auch als Bischof mit Schwert und Gans.
Gedenktag: 11. November (Tag seines Begräbnisses).

Poppenbüll St. Johannis (hebräisch = Gott ist gnädig). St. Johannes, Apostel, seit dem 4. Jahrhundert der *Theologe* genannt. Sohn des Zebedäus, jüngerer Bruder des Jakobus. Jünger Jesu. Wirkte zunächst mit Petrus in Jerusalem und Samaria, später in Kleinasien.
Darstellung: mit Adler als Symbol des 4. Evangelisten; als Greis, mit einem Federkiel schreibend; mit Schlange, die sich aus einem Kelch herauswindet. Das Adler-Symbol ist an vielen Triumphkreuzen erhalten.
Gedenktag: 27. Dezember.

St. Peter St. Petrus (griechisch = Fels), einer der zwölf Apostel, Leiter der Urgemeinde in Jerusalem, Bruder des Apostels Andreas.
Darstellung: Gestalt mit gekreuzten Schlüsseln (s. Matthäus-Evangelium 16, 16).
Gedenktag: 29. Juni (Peter und Paul).

St. Peter (kath.) St. Ulrich, geb. 890 in Augsburg, 923 Bischof von Augsburg, Reichsfürst. Vertrauter von König Heinrich I. und Otto I. Verteidigte Augsburg gegen die anstürmenden Ungarn und half, dass Otto der Große auf dem Lechfeld 955 den Sieg errang. Förderte die feierliche Liturgie und Predigt, war sehr wohltätig. Gestorben 973 in Augsburg. Bestattet in der dortigen St. Ulrichkirche.
Darstellung: im Bischofsornat auf Ross in der Schlacht. Engel reicht ihm

Krummstab und Kelch oder Kreuz (Ulrichkreuz, ähnlich dem eisernen Kreuz).
Gedenktag: 4. Juli.

Tating St. Magnus (lateinisch = der Große), Apostel des Allgäus, Benediktinermönch aus St. Gallen, missionierte um 750 am oberen Lech.
Darstellung: mit Abtstab, einem Drachen das Kreuz entgegenhaltend.
Gedenktag: 6. September.

Tetenbüll St. Anna, nach der Legende Mutter der Maria und Frau des greisen Joachim.
Darstellung: Anna erklärt ihrer Tochter Maria die Heilige Schrift.
Gedenktag: 26. Juli.

Tönning St. Laurentius (lateinisch = der Lorbeergeschmückte), Diakon in Rom. Märtyrertod 258.
Darstellung: als Diakon mit Rost, Evangeliumsbuch, Kreuz, Geldbeutel, Palmwedel, s. die Siegel der Kirchengemeinden Kating und Tönning.
Gedenktag: 10. August.

Tönning (kath.) St. Paulus, Apostel, um 10 n. Chr. in Tarsus (Kleinasien), als Diasporajude geboren mit dem jüdischen Namen Saulus. Beteiligt an der Steinigung des ersten christlichen Märtyrers Stephanus. Bekehrung vor Damaskus. Verfasser der meisten Briefe des Neuen Testaments. Erster und bedeutendster Theologe der Urchristenheit. Vermutlich 67 n. Chr. Märtyrertod in Rom.
Darstellung: mit langem Philosophenbart, Buch (Hl. Schrift) und Schwert.
Gedenktag: 29. Juni (Peter und Paul).

Uelvesbüll St. Nikolai, Nikolaus, Bischof von Myra in Kleinasien. War beim Konzil von Nicäa (325) anwesend, s. Nicänisches Glaubensbekenntnis, das noch heute an hohen Festtagen in der evangelischen Christenheit gesprochen wird. Gestorben 352.
Darstellung: meist als Bischof mit Bischofsstab, drei goldene Kugeln auf einem Buch tragend, auch mit Anker und Schiff (s. Siegeldarstellung von Kotzenbüll).
Gedenktag: 6. Dezember.

Vollerwiek St. Martin s. Osterhever

Welt St. Michael, Erzengel. Offenbarung St. Johannes 12, 7.
Darstellung: als Drachentöter und Seelenwäger im Jüngsten Gericht, mit Helm, flammendem Schwert, Lanze, Kreuzfahne, Schild, Waage. Zu seinen Füßen besagter, oft geflügelter Drache (Teufel).
Gedenktag: 29. September.

Westerhever St. Stephanus, der erste Märtyrer, einer der sieben Diakone der Urchristen (Apostelgeschichte 6–7).
Darstellung: Diakon mit Palme oder Stein in Händen.
Gedenktag: 26. Dezember.

Witzwort St. Marien (?), Maria, die Mutter Jesu.
Darstellung: mit weißem Kleid und blauem Mantel, Sterne um ihr Haupt, auf dem Erdball und der Mondsichel stehend, der Schlange den Kopf zertretend, das Jesuskind tragend. Als Himmelskönigin Goldkrone auf dem Haupt.
Gedenktag: u.a. 25. März Mariä Verkündigung.

Alle Angaben nach Otto Wimmer

Die zwölf Apostel und ihre Attribute

PETRUS	– Schlüssel (Mt. 16, 19)
ANDREAS	– Schrägbalkenkreuz
JAKOBUS DER ÄLTERE	– Muschel, Pilgerhut
JOHANNES	– Kelch
PHILIPPUS	– Kreuz, gelegentlich mit zwei Balken
BARTHOLOMÄUS	– Messer
THOMAS (Joh. 20, 24–29)	– Lanze, Winkelmaß
MATTHÄUS	– Schwert
JAKOBUS DER JÜNGERE	– Walkerstange, Keule
THADDÄUS	– Hellebarde
SIMON KANAANÄUS	– Säge
MATTHIAS (statt Judas s. Apg. 1, 15ff.)	– Beil
PAULUS (gelegentlich statt Matthias in der Reihe der Apostel abgebildet)	– Schwert

Orgeln, historische Prospekte, Dispositionen

Garding – Prospekt 1512 (Hauptwerk) und 1654 (Rückpositiv)
Erbauer: Orgelbauwerkstatt Schuke/Berlin (West) 1974

Hauptwerk:	Regal 8'
	Prinzipal 8'
	Rohrflöte 8'
	Oktave 4'
	Oktave 2'
	Mixtur 4–5f.
	Trompete 8'
Rückpositiv:	Gedackt 8'
	Rohrflöte 4'
	Prinzipal 4'
	Gemshorn 2'
	Quinte 11/3
	Sesquialtera 2f.
	Scharff 3–4f.
	Tremulant
	Zimbelstern
Pedal:	Subbass 16'
	Prinzipal 8'
	Choralbass 4'
	Hintersatz 4f.
	Fagott 16'

Mechanisches Regierwerk, Schleifladen, mechanische Spieltraktur

Katharinenheerd – Prospekt vermutlich von 1840
Restauriert: Orgelbauwerkstatt A. Führer/Wilhelmshaven 1991

Manual:	Hohlflöte 8'
	Gedackt 8'
	Viola di Gamba 8'
	Prinzipal 4'
	Flöte 4'
	Spitzqinte 22/3'
	Oktave 2'
	Flageolet 1'
Pedal:	Subbass 16'
	Prinzipal 8'
	Fagott 16'

Mechanisches Regierwerk, Schleifladen, mechanische Spieltraktur

Koldenbüttel – Prospekt 1758 und 1830 (Erweiterung)
Erbauer: Orgelbauwerkstatt Detlef Kleuker – Brackwede 1974

Hauptwerk:	Prinzipal 8'
	Rohrflöte 8'
	Oktave 4'
	Gemshorn 2'
	Mixtur 4f. 2'
	Trompete 8'
Oberwerk:	Gedackt 8'
	Blockflöte 4'
	Prinzipal 2'
	Sifflöte 11/3
	Scharff 1'
	Rohrschalmei 8'
Pedal:	Subbass 16'
	Flötenprinzipal 8'
	Choralbass 4'

Mechanisches Regierwerk, Schleifladen, mechanische Spieltraktur

Kotzenbüll – Prospekt 1858/59 (Architekt Holm)
Erbauer: Orgelbauwerkstatt Färber/Tönning, 1859
z. Zt. nicht spielbar, Restaurierung geplant.

Hauptwerk:	Prinzipal 8'
	Rohrflöte 8'
	Oktave 4'
	Quinte 22/3'
	Oktave 2'
	Waldflöte 2'
	Mixtur 3–4f.
	Trompete 8'
Oberwerk:	Gedackt 8'
	Flöte 4'
	Oktave 2'
	Cymbel 2f.
	Tremulant
Pedal:	Subbass 16'
	Oktave 8'
	Gedackt 8'
	Oktave 4'
	Posaune 16'
	Koppel I/II

Mechanisches Regierwerk, Schleifladen, mechanische Spieltraktur

Oldenswort – Prospekt 1592 (Rückpositiv) und 1862 (Hauptwerk)
Erbauer: Orgelbauwerkstatt Klaus Becker/Kupfermühle 1971

Hauptwerk:	Bordun 16'
	Prinzipal 8'
	Spitzflöte 8'
	Oktave 4'
	Rohrflöte 4'
	Quinte 22/3
	Oktave 2'
	Mixtur 4fach
	Trompete 8'
Rückpositiv:	Quintade 8'
	Gedackt 8'
	Prinzipal 4'
	Gedackt 4'

Oktave 2'
Sifflöte 11/3'
Sesquialter 2f.
Scharff 3f.
Regal 8 '

Pedal:
Subbass 16'
Prinzipal 8'
Gedackt 8'
Oktave 4'
Hintersatz 4f.
Posaune 16f.

Mechanisches Regierwerk, Schleifladen, mechanische Spieltraktur

Poppenbüll – Prospekt 1847 (Hauptwerk) und 1986 (Rückpositiv)
Erbauer: Orgelbauwerkstatt Klaus Becker/Kupfermühle, 1986

Hauptwerk:
Prinzipal 8'
Gedackt 8'
Oktave 4'
Oktave 2'
Quinte 22/3'
Mixtur 4f.

Rückpositiv:
Gedackt 8'
Waldflöte 4'
Prinzipal 2'
Sesquialter 2f.
Tremulant

Pedal:
Subbass 16'
Oktavbass 8'
Choralbass 4'

Mechanisches Regierwerk, Schleifladen, mechanische Spieltraktur

St. Peter
Erbauer: Orgelbauwerkstatt G. C. Lobback/Neuendeich, 1999

Schwellwerk:
Manual III C – g'''
1 Prinzipal 8'
2 Gedackt 8'
3 Gamba 8'

4 Schwebung 8'
5 Prinzipal 4'
6 Gedacktflöte 4'
7 Sesquialter II 22/3'
8 Gemshorn 2'
9 Mixtur IV 2'
10 Basson 16'
11 Oboe 8'
12 Tremulat

Hauptwerk: Manual II C – g'''
13 Bordum 16'
14 Principal 8'
(Prospekt ab e zweifach)
15 Rohrflöte 8'
16 Oktave 4'
17 Spitzflöte 4'
18 Quinte 22/3'
19 Oktave 2'
20 Mixtur IV–VI 11/3'
21 Trompete 8'
22 III–II
23 I–II
24 III–II elektr.
25 Suboktavk. III–II

Positiv: Manual I C – g'''
26 Gedackt 8'
27 Prinzipal 4'
(Prospekt ab E zweifach)
28 Rohrflöte 4'
29 Oktavc 2'
30 Terz 13/5'
31 Quinte 11/3'
32 Scharf III 1'
33 Rohrschalmey 8'
34 Venuston
35 Tremulant
36 III–I
37 III–I elektr.

Pedal: C – f
38 Violon 16'
39 Subbaß 16' X
40 Prinzipal 8'
41 Gedackt 8'

42 Choralbass 4'
43 Nachthorn 2'
44 Fagott 16'
45 Trompete 8' X
46 Trompete 4'
47 III–P
48 II–P
49 I–P
(X=Doppelschleife)

Schleifenwindladen, mechanische Tastentraktur, elektrische Registertraktur, Generalsetzer 128fach

Tating – Orgelbauwerkstatt H. O. Paschen/Kiel 1969/80
Historischer Prospekt Hauptwerk 1591 (verändert) Rückpositiv 1650

Hauptwerk:	Prinzipal 8'
	Rohrflöte 8'
	Oktave 4'
	Gemshorn 4'
	Sesquialter 2f.
	Oktave 2'
	Waldflöte 2'
	Mixtur 4–6f.
	Trompete 8'
Rückpositiv:	Gedackt 8'
	Prinzipal 4'
	Rohrflöte 4'
	Oktave 2'
	Quinte 11/3'
	Scharf 3f.
	Vox humana 8'
	Tremulant
Pedal:	Subbass 16'
	Flötenprinzipal 8'
	Gedackt 8'
	Choralflöte 4'
	Rauschpfeife 3f.
	Posaune 16'

Mechanische Spiel- und Registertraktur, Schleifladen, Stimmung nach Neidhart, restauriert 2006; Fa. Paschen/Kiel

Tetenbüll – Prospekt 1861
Erbauer: Orgelbauwerkstatt Färber/Tönning, Erneuerung: Orgelbauwerkstatt H. O. Paschen/Kiel 1976

Hauptwerk:	Prinzipal 8'
	Rohrflöte 8'
	Oktave 4'
	Waldflöte 2'
	Sesquialter 2f.
	Mixtur 4f.
Oberwerk:	Gedackt 8'
	Gedackt 4'
	Oktave 2'
	Quinte 11/3'
	Scharff 3f.
Pedal:	Subbass 16'
	Oktavbass 8'
	Gedacktbass 8'
	Oktavbass 4'
	Oktavbass 2'
	Fagott 16'

Koppeln I/II, P/I, P/II

Mechanisches Regierwerk, Schleifladen, mechanische Spieltraktur

Tönning – Große Orgel: Prospekt 1682 und 1902 (Erweiterung)
Erbauer: Orgelbauwerkstatt H. O. Paschen/Kiel 1978

Hauptwerk:	Pommer 16'
	Prinzipal 8'
	Holzgemshorn 8'
	Oktave 4'
	Koppelflöte 4'
	Nasat 22/3'
	Oktave 2'
	Spitzflöte 2'
	Kornett 5fach ab g
	Mixtur 5fach 11/3
	Trompete 8'
Schwellwerk:	Viola da Gamba 8'
	Schwebung 8'
	Holzgedackt 8'

Quintade 8'
Flute octaviante 4'
ital. Prinzipal 4'
Spitzprinzipal 2'
Kornettino 2–3fach
Scharff 4–5fach 1'
Holzdulzian 16'
Hautbois 8'
Glockenspiel f_¦–d'''
Tremulant

Brustwerk: Bleigedackt 8'
Rohrflöte 4'
Prinzipal 2'
Sesquialtera 2fach
Sifflöte 11/3'
Oktävlein 1'
Zimbel 4fach1/2'
Cromorn 8'
Tremulant

Pedal: Prinzipal 16'
Subbass 16'
Quinte 102/3
Oktave 8'
Gedacktbass 8'
Choralflöte 4'
Nachthorn 2'
Hintersatz 4fach 22/3'
Posaune 16'
Holztrompete 8'
Clarine 4'

Elektrisches Regierwerk, Schleifladen, mechanische Spieltraktur, 16 Setzerkombinationen

Tönning – Lettnerorgel – Prospekt 1739
Erbauer E. Kemper/Lübeck, 1948,
H. O. Paschen/Kiel, 1968/1992

Manuale: Gedackt 8'
Prinzipal 4'
Rohrflöte 4'
Oktave 2'
Quinte 11/3'
Scharf 3f.
Regal 8'
Pedal: Subbass 16'
Koppel P/Man., Tremulant, geteilte Lade b. h/c'

Mechanisches Regierwerk, Schleifladen, mechanische Spieltraktur

Uelvesbüll – Erbauer Marcussen/Apenrade, 1910

Hauptwerk: Bordun 16'
Prinzipal 8'
Rohrflöte 8'
Oktave 4'
Rauschquinte 2f.
Oberwerk: Lieblich Gedackt 8'
Salicional 8'
Gambe 8'
Spitzflöte 4'
Pedal: Subbass 16'

Pneumatische Spiel- und Registertraktur

Welt – Prospekt ca. 1760 ursprünglich in der Klosterkirche Itzehoe
Erbauer: Sauer/Frankfurt an der Oder 1898

Hauptwerk: Bordun 16'
Prinzipal 8'
Flute 8'
Gemshorn 8'
Oktave 4'
Progessiv
Schwellwerk: Aeoline 8'

	Spitzflöte 8'
	Vox celeste 8'
	Traversflöte 4'
	Gedackt 8'
Pedal:	Subbass 16'
	Violon 8'
	Gedackt 8'

Pneumatische Traktur, pneumatisches Regierwerk
Das Werk wurde 2001 und 2007 restauriert, Fa. Christian Scheffler/Sieversdorf

Westerhever
Erbauer Orgelbauwerkstatt Klaus Becker/Kupfermühle, 1982

Manual:	Gedackt 8'
	Prinzipal 4'
	Rohrflöte 4'
	Gemshorn 2'
	Mixtur 3–4f.
Pedal (c–d'):	Subbass 16'

Koppel Manual/Pedal

Worterklärungen

Ädikula – die, von Stützen gerahmte Nische mit aufgesetztem Giebel
Akanthus – der, (griech. = Bärenklau), distelartige Schmuckform mit gezahnten Rändern
Apsis – die, halbrunder oder eckiger Abschluss des Chorraumes
Barock – das, Kunstepoche (ca. 1600–1780)
Chor – der, Altarraum der Kirche
Chorgestühl – das, Sitzreihen für die zahlreichen Geistlichen des Mittelalters im Chor
Diakonat – das, Amtswohnung des zweiten Geistlichen, des Diakons
Epitaph – das, Gedächtnistafel für einen Verstorbenen
Faltwerk – das, gotische Schmuckform aus geschnitzten senkrechten Falten als Flächenfüllung
Gotik – die, mittelalterliche Kunstepoche (ca. 1250–1500), charakteristisch für die Baukunst ist der Spitzbogen
Haubarg – der, große Bauernhausform, die für Eiderstedt charakteristisch ist
Ikonographie – die, Lehre von den Inhalten der Kunst, den Motiven und Symbolen in Bildwerken
Knorpelstil – der, aus dem Muschelwerk der Renaissance entwickelte Ornamentform des 17. Jahrhundert. aus knorpelartigen Gebilden
Krabbe – die, hölzerne oder steinerne Blätter, die den Rand von Architekturformen und vom Kreuzesstamm schmücken (Gedanke des Weiterlebens)
Lettner – der, halbhohe Schranke oder Wand, der den Chor vom allgemeinen Kirchenraum abtrennt.
Liturgie – die, Form und Ordnung des Gottesdienstes
Manierismus – der, Kunstepoche nach der Renaissance mit unruhigen (teilweise gekünstelten) Formen und Farben
Mensa – die, (lat. = Tisch), Altarplatte
Neugotik – die, Wiederaufnahme gotischer Kunstformen im 19. Jahrhundert
Ökumene – die, Bewegung zur Einigung der verschiedenen christlichen Kirchen
Parochie – die, Pfarrei, Gemeindebezirk
Pilaster – der, flacher Pfeiler, der nur wenig aus der Wand herausragt
Piscina – die, (lat. = Teich), Ausgussbecken zur Aufnahme des geweihten Wassers und der Weinreste
Predella – die, Altaraufsatz mit gemalten und geschnitzten Darstellungen
Prospekt – der, Schauseite der Orgel mit Pfeifenreihe